ADOLESCENTES

Colección: Hacer Familia
Director de la colección: Jesús Ortega
Coordinadora de la colección: Fernando Corominas

© Gerardo Castaño, 1997
© Ediciones Palabra, S.A., 2004
Paseo de la Castellana, 210 - 28046 MADRID (España)

Diseño de portada: Juan Bravo
Fotografía de cubierta: Digital Vision / Index
ISBN: 978-84-8239-582-0
Nº de ed.: 2274-567-X
Depósito Legal: M. 24.194-2004
Impresión: Gráficas Anzos, S.L.
Printed in Spain - Impreso en España

Ediciones Palabra, S.A.
Madrid

1ª edición, abril 1992.
2ª edición, julio 1993.
3ª edición, abril 1994.
4ª edición, abril 1995.
5ª edición, febrero 1998.
6ª edición, febrero 1999.
7ª edición revisada y aumentada, mayo 2002.
8ª edición revisada y aumentada, febrero 2004.
9ª edición revisada y aumentada, junio 2006.

Colección: Hacer Familia
Director de la colección: Jesús Urteaga
Coordinador de la colección: Fernando Corominas

© Gerardo Castillo, 1992
© Ediciones Palabra, S.A., 2006
Paseo de la Castellana, 210 - 28046 MADRID (España)

Diseño de portada: Carlos Bravo
Fotografía de portada: Archivo Hacer Familia
ISBN-13: 978-84-8239-563-0
ISBN-10: 84-8239-563-7
Depósito Legal: M. 24.194-2006
Impresión: Gráficas Anzos, S.L.
Printed in Spain - Impreso en España

Todos los derechos reservados.
No está permitida la reproducción total o parcial de este libro, ni su tratamiento informático, ni la transmisión de ninguna forma o por cualquier medio, ya sea electrónico, mecánico, por fotocopia, por registro u otros métodos, sin el permiso previo y por escrito del editor.

Gerardo Castillo

Tus hijos
ADOLESCENTES

Novena edición
Revisada y aumentada

educar en valores

Gerardo Castillo

Tus hijos
ADOLESCENTES

Novena edición
Revisada y aumentada

Introducción

No es fácil ser un buen padre. No es sencillo educar bien a los hijos. Educar requiere saber conocer, saber comprender, saber estimular y saber exigir a las personas, una a una. Por ello las ayudas educativas que necesitan y esperan los hijos en la familia exigen preparación seria de los padres. Para ser buen padre no basta el sentido común, la experiencia y la gracia de estado (aun cuando estas tres cosas son muy importantes).

Educar suele ser aún más difícil cuando los hijos llegan a la adolescencia.

Al niño le interesa todo y tiene mucho afán de aprender y mejorar; al adolescente le interesan

INTRODUCCIÓN
ALFONSO AGUILÓ

pocas cosas y tiene poca actitud de superación personal.

El niño confía en sus padres y acepta su ayuda; el adolescente es rebelde y rechaza las ayudas que se le ofrecen en casa, para confiar ciegamente en sus amigos.

Este cambio de actitud de los hijos en la etapa adolescente suele originar desconcierto y nerviosismo en los padres. Los padres no entienden cómo un niño obediente, cariñoso, responsable y estudioso, se transforma, en poco tiempo, en todo lo contrario. Tampoco entienden por qué el hijo «cambia» de pronto la casa por la calle y los padres por los amigos.

Los padres necesitan ayuda para descubrir el sentido de la adolescencia. Deben saber a tiempo que la etapa adolescente –con sus rebeldías, su pereza y sus malos modales– es una etapa necesaria para llegar a la madurez adulta.

Los padres necesitan la ayuda de la orientación familiar para saber aprovechar las nuevas posibilidades de sus hijos con respecto a la mejora personal. Detrás de la rebeldía y del espíritu crítico está el afán de pensar y actuar por sí mismo; detrás de la «huida» de casa para refugiarse en

INTRODUCCIÓN

los amigos está el descubrimiento del valor «amistad».

Los problemas actuales más preocupantes de la adolescencia no son, en mi opinión, los que se relacionan con rasgos típicos de esta edad (carácter irritable, inseguridad, deseo de independencia, etcétera), sino los que surgen de un modo artificial, como consecuencia de actitudes negativas de algunos padres y de malas influencias del ambiente.

Importa mucho, por tanto, que los padres sepan sintonizar con sus hijos adolescentes, evitando así conflictos innecesarios. Importa también que los padres conozcan bien el mundo extrafamiliar de su hijo (lecturas, diversiones, amistades, etc.).

Dado que los hijos adolescentes tienen actualmente tendencia a la evasión de la vida familiar, los padres deben favorecer su integración en la familia. Este objetivo se podría expresar de este modo:

***Hacer compatible
una razonable autonomía
de los hijos
con el cumplimiento
de sus responsabilidades
dentro de la familia.***

INTRODUCCIÓN
GERARDO CASTILLO

Este libro ofrece a los padres de hijos adolescentes las ayudas a las que me acabo de referir.

En la primera parte se explica qué sentido tiene la adolescencia y cuáles son sus posibilidades para la mejora personal de los hijos.

En la segunda parte se proponen soluciones para muchos *problemas actuales* en la educación de hijos adolescentes.

Estos problemas tienen su origen en determinadas influencias de tipo ideológico. Son consecuencia, principalmente, del ambiente de subcultura en el que viven muchos adolescentes hoy.

En la tercera parte se sugieren diferentes procedimientos para «integrar» a los hijos adolescentes en la familia.

PARTE PRIMERA "A"

> «La adolescencia tiene un valor propio, que representa un modo de vida. Su papel en la existencia de cada uno es: descubrirse a sí mismo y a los demás (el yo y el tú); ensanchar al máximo el horizonte de la persona, desplegando todas sus virtualidades antes de efectuar la elección definitiva que anuncia la próxima madurez; organizar las actitudes fundamentales ante la vida»
>
> M. Debesse

LA ADOLESCENCIA

CAPÍTULO 1
ADOLESCENCIA... PARA QUÉ

Adolescencia...
para qué

1. El sentido de la adolescencia

La adolescencia es una fase más del desarrollo del hombre: la que hace posible el paso de la infancia a la edad adulta. Se trata, por ello, de una etapa puente, de un período de transición, entre dos realidades muy diferentes y alejadas entre sí. Esta característica –transición– explica por sí misma la forma de ser en estas edades (se ha dicho, por ejemplo, que el carácter de la adolescencia consiste en no tener ningún carácter). También sirve para comprender que la adolescencia es, ante todo, una época de maduración y crecimiento especial (*adolescente* es «el que está

11

CAPÍTULO 1

GERARDO CASTILLO

creciendo», mientras que *adulto* es «el que ha crecido»).

Estamos ante una transición larga y costosa que implica desarrollo tanto en cantidad como en cualidad: «la adolescencia es el comienzo de un crecimiento cualitativo, lo cual vale tanto como decir que es un nacimiento de algo en el hombre... No es nacimiento del hombre, sino nacimiento de algo en el hombre y ese algo no es otra cosa que la propia intimidad»[1].

El *nacimiento de la intimidad* está ligado al descubrimiento del propio yo. La conciencia infantil, ligada a lo colectivo, es sustituida de forma vacilante, pero continua, por una conciencia personal. El púber descubre que es diferente y tiene, además, un gran interés en acentuar esa diferencia. Se da así una *búsqueda del comportamiento original*.

En la medida en que «tener personalidad» significa haber desarrollado o cultivado lo que cada uno tiene de singular, de propio, la búsqueda del comportamiento original por parte del adoles-

---

[1] Cfr. GARCÍA HOZ, V., *El nacimiento de la intimidad*. Rialp, Madrid 1970.

cente supone un *despertar de esa personalidad,* que se manifiesta en algunas necesidades nuevas: ser yo mismo; valerme por mí mismo; estar consigo mismo; poder elegir y decidir, tener éxito...

Pero el adolescente concibe estas necesidades sin restricciones ni normas, de una forma extremista. Es celoso de ellas. Así, por ejemplo, el afán de libertad se reduce a afán de independencia (poder hacer lo que se desee sin ninguna limitación y sin tener que responder ante nadie); el deseo de valerse por sí mismo se convierte en autosuficiencia, con rechazo de todo tipo de ayudas; la necesidad de éxito se traduce en impaciencia (lo quiere todo aquí y ahora; busca únicamente soluciones absolutas y a corto plazo).

Ejercitar o satisfacer tales necesidades no es fácil. Requiere todo un período de aprendizaje, de maduración personal, que permita adaptarse continuamente a nuevas y más difíciles situaciones.

En el inicio de la adolescencia se da, por ello, una notable desproporción entre las metas que se persiguen y los recursos y experiencias personales necesarios para lograrlas. Es frecuente, en este sentido, que al comparar sus elevados ideales con

CAPÍTULO 1
GERARDO CASTILLO

los pobres resultados obtenidos, el adolescente se desmoralice y tenga sensación de fracaso.

Aquí tiene su origen el sentimiento de *inseguridad*, que se desarrolla a medida que los obstáculos exteriores se hacen patentes. Por eso, tanto la actitud de autoafirmación (a veces llevando la contraria a los padres por sistema) como ciertas formas de rebeldía, pueden interpretarse como mecanismos de defensa de una personalidad todavía insegura, débil, amenazada.

2. La «crisis de la adolescencia»

Tradicionalmente se ha venido considerando la adolescencia como una fase crítica en la vida del hombre. Creo que, efectivamente, la adolescencia es una época de crisis, pero es necesario aclarar qué sentido estamos dando a esta expresión.

Decir, por ejemplo, que un enfermo ha entrado en una fase crítica significa que se ha agravado su enfermedad, que ha habido un retroceso, que se encuentra en un serio peligro. Si el período adolescente fuese una crisis de este tipo tendríamos que hablar de traumas inevitables y de consecuencias casi irreparables en el desarrollo psicológico de todas las personas.

Pero la experiencia propia y ajena nos dice que esto no suele ser así: desde los albores de la humanidad, millones de personas han llegado de un modo satisfactorio a la edad adulta a pesar de que la inmensa mayoría no ha recibido ayudas psicológicas y pedagógicas de ningún tipo.

Importa por ello no cargar las tintas a propósito de la crisis de la adolescencia, porque se corre entonces el peligro de desencadenar una tempestad en un vaso de agua. Ni la adolescencia es una enfermedad ni es una época de retroceso con respecto a la infancia.

La adolescencia es una crisis de crecimiento y de adaptación a una nueva situación. Es, por ello, signo de avance, de desarrollo y no de marcha atrás. Lo que el adolescente espera de los educadores no es que le curen de unos supuestos males o que le saquen de un pozo imaginario. Espera que le ayuden a aprovechar mejor las inmensas posibilidades de esta etapa para mejorar como persona[2].

---

[2] Cfr. CASTILLO, G., *Los adolescentes y sus problemas.* 6ª ed. EUNSA. Pamplona 1980.

CAPÍTULO 1
GERARDO CASTILLO

Los padres con hijos adolescentes no podemos olvidar que nuestros hijos, aunque no nos lo digan:

Nos piden que les ayudemos a mejorar como personas.

Los adolescentes y el desarrollo de la interioridad

1. ¿En qué consiste la interioridad?

«Íntimo» es el superlativo de «interior». Por tanto, *intimidad* es lo más interior que hay en la persona. Puede añadirse que, por ser lo más interior, la intimidad es lo más propio y lo sustancial de la persona. Persona es un ser que tiene intimidad, interioridad espiritual.

La intimidad o interioridad se refiere a la conciencia. En sentido amplio, la conciencia es el ámbito en el que actúan las potencias espirituales (memoria, entendimiento, voluntad). En sentido

CAPÍTULO 2
GERARDO CASTILLO

más estricto, la conciencia es un atributo del ser humano que esclarece el sentido del bien y del mal, de lo justo y de lo injusto[1].

Intimidad se opone a *frivolidad*. Lo frívolo es lo insustancial, lo superficial. La conducta humana puede estar orientada por motivos profundos (íntimos) o por motivos superficiales (frívolos).

La irrepetibilidad propia del ser humano no se encuentra o explica en la conducta frívola o superficial. En cambio, en la intimidad es donde se reconoce a un hombre como persona. La persona necesita orientar su vida desde su alma (y no desde la emotividad o la sensualidad)[2].

2. ¿La interioridad nace en la adolescencia?

Lo más característico de la etapa adolescente es el nacimiento de la intimidad o interioridad espiritual.

El adolescente (a diferencia del niño) es capaz de percibir los contenidos psíquicos (pensamientos, sentimientos, deseos, etc.) como interiores. Puede mirar dentro de sí mismo.

---

[1] ALTRAREJOS, F., *Intimidad y educación* (DF-466, ICE. Universidad de Navarra, 1980, p. 1).
[2] *Juan Pablo II a los jóvenes*. EUNSA. Pamplona 1985.

EL DESARROLLO DE LA INTERIORIDAD

Una pregunta inevitable: ¿no hay interioridad en la infancia?

El primer «descubrimiento del yo» no tiene lugar en la pubertad, sino alrededor de los tres años. El niño de esta edad descubre que es distinto de las cosas que hay alrededor. El «yo» se manifiesta, además, como sujeto de atribución: esto es «mío». Pero este «yo» de la infancia está en función de lo que hay fuera de él. Es un «yo» solo para mirar a las cosas. La vida del niño es fundamentalmente una relación con el mundo externo.

En cambio, la vida del adolescente no es ya simplemente una relación con la realidad exterior. El desarrollo de la capacidad para el pensamiento reflexivo (la vuelta del «yo» sobre sí mismo) es lo que le hace posible el nacimiento de la intimidad.

La intimidad que surge en la adolescencia consiste en saber ver dentro de sí mismo y reconocer lo que allí se ve como algo propio. La introversión típica del adolescente responde a esta nueva necesidad de vivir dentro de sí mismo.

De todos modos, no puede concluirse, de forma genérica y tajante, que en la infancia no exista interioridad. Está claro que el niño tiene una vida psíquica llena de contenido (pensamientos, sentimien-

CAPÍTULO 2
GERARDO CASTILLO

tos, etc.). Pero hay algo que le diferencia del adolescente: es mucho menos consciente de ese mundo interior. El niño, corrientemente, no está capacitado todavía para «asomarse» a esa realidad interior y verla como propia. Puede decirse, por ello, que el niño posee intimidad en estado germinal[3].

3. El crecimiento de la interioridad

La intimidad o interioridad nace en la pubertad y sigue creciendo a lo largo de la adolescencia media y superior.

Pero la intimidad
no crece
sin esfuerzo.

Los adolescentes necesitan una buena respuesta para esta pregunta: «¿qué hacer para no ser frívolos, para vivir una vida íntima y personal?».

He aquí una primera respuesta: adaptar la conducta a las aspiraciones que descubrimos en nuestro interior. O, dicho de otra manera, se trata de orientar la vida en función de la dimensión espiritual propia de la persona.

---

[3] Cfr. GARCÍA HOZ, V., *El nacimiento de la intimidad*, o. c.

Si los adolescentes son fieles a sí mismos (coherentes con los ideales nobles que caracterizan, en principio, su edad) no caerán en la conducta frívola y superficial.

Es verdad que la sociedad permisiva en la que viven los adolescentes de hoy se rige por modas opuestas a todo tipo de ideales elevados.

Es cierto que la sociedad del bienestar estimula y gratifica el exceso de vida exterior de las personas, en perjuicio de su vida interior.

Pero si los adolescentes aprenden a ser *auténticamente rebeldes*, los obstáculos del ambiente serán un reto para subir más arriba, en vez de un muro infranqueable.

La rebeldía auténtica no nace de caprichos personales ni se limita a protestar; no es simple autoafirmación de una personalidad insegura. Es, por el contrario, una rebeldía de personas que saben qué es lo que quieren en la vida, que se ejerce en función de deberes personales (y no solo de derechos) y que ofrece soluciones para los problemas.

Si los adolescentes actúan con esta rebeldía positiva, responsable, estarán empezando a ser personas realmente jóvenes.

CAPÍTULO 2
GERARDO CASTILLO

Ser una persona joven no es adoptar posturas pasotas. La persona joven se rebela contra lo que está mal, quiere aprender y mejorar, se compromete con lo que vale la pena. Por eso el conformismo y la pasividad no le satisfacen.

Pero no le basta al adolescente saber decidir en qué dirección debe avanzar. Necesita ser cada día más fuerte para decir «sí» a lo que le permite progresar y para decir «no» a lo que le detiene en su camino. Debe educar la voluntad para poder nadar «contra corriente» si es necesario, para evitar la conducta caprichosa.

La etapa adolescente es una oportunidad inapreciable para crecer en madurez personal.

4. Algunas metas para el desarrollo de la interioridad en la adolescencia

Para crecer en interioridad es necesario, en primer lugar, ser cada día más conscientes de lo que encierra esa interioridad. Se trata de saber reconocer los aspectos de esa vida interior, de aprender a conocerse a sí mismo.

Este autoconocimiento requiere, a su vez, establecer un diálogo habitual consigo mismo. El diálogo interior ayudará a descubrir las aspiraciones más hondas de nuestro ser.

Muchos adolescentes de hoy no conversan consigo mismos porque no encuentran el clima o ambiente que lo hace posible. Viven en la civilización del activismo, las prisas, el ruido, la masificación. La vida exterior invade y anula la vida interior. Carecen de actitud contemplativa y de soledad fecunda.

¿Qué pueden hacer los adolescentes para encontrar la atmósfera que haga posible una vida auténticamente íntima y personal? Ante todo, buscar el silencio, para poder pensar, reflexionar y hacer propósitos con más decisión. Hoy resulta difícil encontrar el silencio. La paz interior corre peligro y encuentra obstáculos para pensamientos profundos. Es difícil pero es importante conseguirlo.

Los adolescentes necesitan, en segundo lugar, aprender a valorar su propia intimidad y a respetar la de los demás. En esto consiste precisamente una virtud que hoy se está perdiendo: la del pudor.

CAPÍTULO 2
GERARDO CASTILLO

Valorar la propia intimidad significa evitar todo lo que pueda dañarla (por ejemplo, la ligereza desenfadada en el vestir, en el hablar o en el escribir). Incluye también no abrir la vida personal a cualquiera o en cualquier momento.

Respetar la intimidad de los demás supone no entrar sin permiso o de forma irrespetuosa en su vida íntima.

La pérdida del sentido del pudor es una de las características de la sociedad permisiva de hoy. Afecta a personas de diferente sexo y edad y es la lógica consecuencia de la pérdida de la intimidad y del comportamiento propio, personal. No puede haber pudor cuando no hay aprecio por la intimidad propia y ajena. Por eso la virtud del pudor se ha reducido para muchas personas de hoy a un mero convencionalismo social que condiciona negativamente[4].

***No hay pudor
sin intimidad.***

---

[4] Cfr. J. CHOZA, *La suspensión del pudor y otros ensayos*. EUNSA, Pamplona 1980.

Pero tampoco hay intimidad sin pudor. Si el pudor se pierde la persona deja escapar su vida interior: no entrega su intimidad de forma reflexiva, sino de forma puramente espontánea.

Ocurre algo parecido a cuando un frasco de perfume queda abierto durante algún tiempo: lo que hacía más valioso a ese perfume –el aroma– se acaba perdiendo. La persona así se abandona y cae en la frivolidad.

CAPÍTULO 3

LOS ADOLESCENTES Y EL CAMINO HACIA LA MADUREZ

Los adolescentes y el camino hacia la madurez

1. La búsqueda de la madurez

Entre un adolescente de doce o trece años y otro de veinte o veintiuno existe una considerable distancia. El primero es todavía un niño, el segundo es ya prácticamente un adulto. Este dato nos hace ver claramente el error que se comete cuando, con excesivo afán simplificador, se estudia la adolescencia sin considerar sus distintas fases o edades.

Conviene distinguir tres fases o momentos de la maduración del adolescente:

CAPÍTULO 3
GERARDO CASTILLO

— *pubertad o adolescencia inicial,* que se extiende desde los once a los trece años en las chicas y de los doce a los catorce en los chicos;

— *adolescencia media* (trece a dieciséis años en las chicas; catorce a diecisiete en los chicos);

— *adolescencia superior* (dieciséis a veinte años en las chicas; diecisiete a veintiuno en los chicos).

Las edades señaladas pueden variar de unos casos a otros; solamente tienen un valor orientativo. Hay que llamar la atención, además, acerca del hecho de que las mujeres empiezan y terminan el período de adolescencia un año antes que los varones.

La pubertad es solamente una fase de arranque que hace posible el paso de la niñez a la adolescencia propiamente dicha. El púber no rompe totalmente con el pasado. Podríamos decir, en este sentido, que es un niño que está empezando a dejar de serlo.

El proceso comienza con la maduración de toda una serie de capacidades físicas y psíquicas que tiene gran repercusión sobre el funcionamiento del sistema nervioso. Ante estos cambios que se producen en su cuerpo y en su forma de ser, el púber se siente admirado y sorprendido. No comprende qué es lo que está sucediendo, qué sentido tiene, por qué ocurre. En realidad cambia sin tomar parte activa en el proceso.

El rasgo más significativo es el nacimiento de la intimidad. Este paso es el primero –y también el más necesario– para el logro de una personalidad independiente. El púber se da cuenta de que es distinto de los demás, y este descubrimiento hará que se tambalee la inconsciente seguridad en sí mismo que tenía en la infancia. Conoce por primera vez sus limitaciones y debilidades y se siente solo e indefenso ante ellas. Surgen así los primeros secretos e intimidades.

Es una fase de inestabilidad motriz y afectiva, y de gran sensibilidad (orientada hacia la protección de sí mismo), hasta el punto de que algunos autores la denominan «la edad ingrata». Pero, a pesar de ello, se trata todavía de una época de relativa tranquilidad.

En la adolescencia media se produce la ruptura definitiva con la infancia y la búsqueda de nuevas formas de comportamiento. Del «despertar del yo» se pasa al «descubrimiento consciente del yo». El muchacho «se va conociendo, profundiza

CAPÍTULO 3
GERARDO CASTILLO

en sí mismo, y comienza a reflexionar personalmente, a sentirse alguien y a quererlo ser cada vez más[1].

El análisis de sí mismo será el punto de partida para el redescubrimiento y crítica del mundo que le rodea. No se limita ya, como en la fase anterior, a contemplar admirativamente los cambios que experimenta o a reaccionar instintivamente, sino que se interroga acerca de ellos. Quiere descubrir el sentido que tienen y llegar, además, a una toma de posición personal ante la vida.

Si la pubertad era fundamentalmente una crisis de tipo biológico que repercutía en el desarrollo mental ocasionando solamente una inquietud («la inquietud de la pubertad», la llama Debesse) la adolescencia media es una crisis interna o de la personalidad.

La inestabilidad afectiva de la fase anterior se convierte ahora en inconformismo y agresividad.

Es «la edad de las impertinencias o fase negativa», porque «durante ella el joven parece negar

---

[1] CRUCHON, G., *Psicología pedagógica*. Tomo II. Razón y fe, Madrid 1971, p. 61.

cuanto hay de razonable y elevado y hallarse en camino de retroceso»[2].

Estas actitudes son originadas sin duda por la frustración de no poderse valer.

En la adolescencia superior suele recobrarse el equilibrio perdido en las dos fases anteriores. Es un período de calma en el que se recoge el fruto de lo que se ha sembrado antes. El adolescente comienza a comprenderse y encontrarse a sí mismo y se siente ya integrado en el mundo en que vive. Pero esto no se produce necesariamente. Conviene aclarar que actualmente existen muchos casos de chicos y chicas que en la edad cronológica de la «adolescencia superior» siguen anclados en alguna de las dos etapas anteriores.

Evidentemente, la distinción entre la segunda y tercera fase está más clara que entre la primera y la segunda. «Mientras que la tercera fase se caracteriza claramente por la importancia dada a los valores morales y espirituales y por la elaboración consciente de una cierta concepción de la vida, la primera y la segunda difieren más bien en la in-

---

[2] VALLERSTEIN, A., *La educación del niño y del adolescente*. Herder, Barcelona 1967, p. 237.

CAPÍTULO 3
GERARDO CASTILLO

tensidad de las repercusiones del crecimiento físico y la sexualidad sobre las actitudes y la conducta[3].

El adolescente ha pasado del negativismo a la afirmación positiva de sí mismo. Predomina en él ahora el afán de comprender y ser comprendido. Por ello se podría definir esta fase como el «despertar del yo mejor». Es la época de tomar decisiones y del sentido de la responsabilidad ante el propio futuro que lleva a trazarse un plan de vida. Es también la época de la entrega apasionada a ideales nobles. «La imagen sublime del ideal se convierte en la gran palanca de su vida»[4].

Tras considerar el significado de las tres fases o edades de la adolescencia y la relación que existe entre las mismas, veamos a continuación algunas características de cada una de ellas.

2. La adolescencia primera o pubertad

El **desarrollo físico** tiene una importancia fundamental en la pubertad porque este período es, ante todo, un fenómeno de maduración anató-

---
[3] CRUCHON, G., *o. c.*, p. 63.
[4] VALLERSTEIN, A., *o. c.*, p. 253.

mico-fisiológica en el que se ponen las bases para la transformación del organismo infantil en un organismo adulto. Esta transformación se observa especialmente en el aumento de estatura y en la aparición de los caracteres sexuales primarios y secundarios. La aparición de estos caracteres es signo inequívoco de que se está produciendo la maduración sexual o aptitud para la procreación.

El crecimiento corporal comienza de forma brusca y siguiendo un ritmo diferente para cada órgano, produciéndose así una disarmonía de las proporciones (suelen crecer mucho, por ejemplo, las piernas; de ahí viene la expresión referida a los adolescentes de «patas de cigüeña»); el peso aumenta casi como única consecuencia del crecimiento en estatura, puesto que inicialmente apenas se incrementa el grosor del organismo. A lo largo de la adolescencia se irán alternando fases de «estiramiento» con fases de «ensanche».

En la **maduración mental** se observa, junto a un desarrollo de la capacidad para el pensamiento abstracto, cierta sistematización de las ideas. Los sentimientos y la imaginación influyen de un modo especial sobre la vida mental, lo que contribuye al cambio y versatibilidad de intereses

CAPÍTULO 3
GERARDO CASTILLO

y opiniones. Estos intereses responden menos a una curiosidad intelectual que a la avidez de experiencia.

El pensamiento está teñido de un tono afectivo; está dominado por los sentimientos. El púber pone una gran carga emocional en lo que piensa y dice. Por eso es muy radical en sus juicios y dogmático en sus afirmaciones. Se observa falta de matiz; para él todo es blanco o negro, bueno o malo, etc., sin posturas intermedias.

También existe poca objetividad: el bien y la verdad es, a veces, lo que uno siente, le apetece, le gusta, le cae bien...

En la **maduración afectiva** se aprecia lo siguiente:

— Intensa vida afectiva y desequilibrio emocional que tiene muchas manifestaciones:
  — suspicacia;
  — susceptibilidad;
  — carácter irritable;
  — cambios continuos de humor;
  — terquedad;
  — afán de contradicción;
  — excentricidades;
  — extravagancias.

— Falta de autodominio en la actividad de los sentidos externos y en la conducta en general (predominan las reacciones sobre el comportamiento deliberado).
— Falta de voluntad: el púber es más capaz de hablar que de hacer, es un ser más de deseos que de esfuerzos. Tiende hacia lo fácil y lo inmediato.
— Desánimo ante las dificultades; falta de perseverancia para terminar lo que se comienza.

***Necesidad de afecto,
comprensión y apoyo.***

La intensa vida afectiva de esta fase se manifiesta más hacia fuera que hacia dentro. El púber es víctima de un desequilibrio emocional que se refleja en la sensibilidad exagerada y el carácter irritable (en el que coexisten rasgos de agresividad junto a rasgos de timidez y ternura).

Una característica importante en la evolución de la afectividad es la disociación que se observa entre impulso sexual y sentimiento amoroso. La atracción física coexiste junto al amor platónico, sin producirse una integración de ambos.

Con respecto a la **maduración social**, el rasgo más llamativo es la aparición de la capacidad para la vida de amistad con personas de su misma edad. Se trata de una *amistad de grupo* (falta aún la madurez para la amistad planteada como compromiso entre dos personas). Las «pandas» de la pubertad, son grupos estructurados de modo formal. La comunicación entre sus miembros es superficial, a través de comportamientos externos (el grito, la broma, etc.).

3. La adolescencia media

En la *adolescencia media* continúa la maduración anatómico-fisiológica iniciada en la pubertad, pero sin que esta sea ya el rasgo predominante. En este sentido se observa una disminución del ritmo de crecimiento físico; el cuerpo va adquiriendo ya la forma y proporciones propias del adulto.

La **maduración mental** se refleja en la consecución de un alto desarrollo de la capacidad intelectiva. Existe ya una capacidad para el pensamiento abstracto, al mismo tiempo que una mayor reflexión y sentido crítico que en la fase anterior.

Llama la atención que junto a estos rasgos, que evidencian una clara maduración mental, encontramos todavía una característica propia de edades anteriores: la falta de objetividad. Las ideas del adolescente siguen estando fuertemente condicionadas por la intensa vida afectiva (estados de ánimo, deseos personales), confundiendo así muchas veces lo subjetivo con lo objetivo. Esta falta de objetividad explica el dogmatismo con el que frecuentemente procede en la defensa de sus opiniones.

Esta profundización hace que el adolescente sea ahora más introvertido, observándose ciertas actitudes que manifiestan un fuerte sentimiento de autoafirmación de la personalidad:

— obstinación;
— terquedad;
— afán de contradicción.

«El joven se cierra y no da oídos a las palabras que tratan de persuadirle con razones, se aferra con obstinación a puntos de vista atrevidos y resoluciones imprudentes. A las órdenes presta una resistencia, ora abierta, ora pasiva. El mandar con violencia y rigor, lejos de conseguir el efecto pretendido, sirve para fortalecer su obstinación»[5].

---
[5] *Ibíd.*, p. 239.

CAPÍTULO 3
GERARDO CASTILLO

Estas actitudes de afirmación de la personalidad suelen conllevar cierta agresividad.

En lo que se refiere a la **madurez social,** hay que subrayar el paso de la amistad en grupo a la *amistad personal.*

Durante la pubertad coexiste la camaradería con el inicio de la amistad. Se elige ya a la persona con la que se quiere convivir, pero no para una relación personal recíproca, sino, simplemente, para compartir problemas comunes en el ámbito de la «panda». En la adolescencia, en cambio, se opera un avance importante: se llega a la amistad íntima con una persona singular *por ser quien es,* es decir, por sus cualidades propias; entre estas dos personas surge, al mismo tiempo, un deseo mutuo del bien.

La amistad no es ya una mera unión formal y exterior, sino una unión íntima basada en valores compartidos.

En la adolescencia media después del «descubrimiento del yo» tiene lugar el «descubrimiento del otro».

Si durante la pubertad se buscaba en el «tú» el propio «yo», en la adolescencia se descubre el «tú» como una realidad objetiva, independiente.

Comienza por ello la auténtica relación, el verdadero diálogo entre el «yo» y el «tú», al mismo tiempo que se desarrollan sentimientos nobles de gran valor social:
— altruismo;
— compasión;
— entrega;
— sacrificio...[6].

La timidez es otro rasgo propio de esta fase. Para Jean Lacroix el adolescente es tímido por naturaleza. Esta timidez consiste en un temor a la opinión ajena (opinión a la que concede una importancia exagerada), y tiene su origen en la desconfianza en sí mismo y en los demás. Este fenómeno se explica comparando la seguridad casi inconsciente del niño, que prácticamente se limita a actuar siguiendo las ideas de sus padres, con la inseguridad del adolescente a quien no le bastan o no le satisfacen plenamente aquellas ideas.

Quien cambia las ideas recibidas «será más propenso a dudar, a desconfiar de sí mismo (...).

---

[6] Cfr. CASTILLO, G., *La educación de la amistad en la familia*. 2ª ed. EUNSA, Pamplona 1988.

CAPÍTULO 3
GERARDO CASTILLO

»En definitiva, la timidez es un aislamiento, y se está aislado cuando se cambia de ambiente o cuando una transformación interior hace sentir extraño o contrario el ambiente en que se ha sido educado»[7].

4. La adolescencia superior

Hemos caracterizado ya la fase de la adolescencia superior como un período de calma y de recuperación del equilibrio perdido. En ella, normalmente, se recoge el fruto de las etapas anteriores.

El adolescente de dieciséis a veinte años, comienza ya a comprenderse a sí mismo, está en mejores condiciones de adoptar decisiones personales, de integrarse en el mundo de los mayores.

En este momento suele surgir una conciencia de responsabilidad en relación con el propio futuro, a diferencia de lo que ocurre con el niño y púber, que están más preocupados por el presente. El joven, de algún modo, está construyendo su vida.

En esta época cabe hablar, en cierto sentido, de un nuevo despertar y afirmación del yo, pero con

---

[7] LACROIX, J., *Timidez y adolescencia*. Fontanella. Barcelona 1974, p. 26.

un sentido muy diferente al de la pubertad. La personalidad ha alcanzado cierto nivel de maduración y el joven conoce ya de alguna forma sus posibilidades y limitaciones personales. Por eso se produce ahora el «despertar del yo mejor», es decir, la afirmación positiva de sí mismo. Existe en este momento un ansia por salir de la situación negativa y beligerante de la fase anterior, un afán de elevarse que está muy relacionado con la formación del ideal.

Conviene distinguir los ideales de la adolescencia del ideal de la adolescencia superior. Los primeros son abstractos y múltiples (la justicia, la igualdad, la libertad, el amor, la verdad...) y dan lugar a una visión idealista del mundo. El adolescente de dieciséis a veintiún años se mueve menos por ideales abstractos que por un ideal concebido de forma singular y concreta (por ejemplo, luchar contra el aborto).

La conciencia de responsabilidad ante el propio futuro, unida a esta formación del ideal, lleva normalmente al adolescente a trazarse un plan de vida. No se trata de un plan detallado sino de un intento de dar sentido a su vida futura.

CAPÍTULO 3
GERARDO CASTILLO

La **maduración física** llega en este período a su plenitud, con un considerable aumento de fuerza y destreza. Apenas hay aumento de crecimiento puesto que la estatura del adulto se logra ya prácticamente al final de la adolescencia media.

En cuanto a la **maduración mental**, hay que decir que en esta época no surgen ya capacidades nuevas. Las aptitudes intelectuales han quedado definidas en la fase anterior. Cabe hablar, sin embargo, de una mayor profundización en el pensamiento y del paso de la reflexión sobre sí mismo a la reflexión sobre las ideas y los valores.

El adolescente posee prácticamente ya en esta fase la inteligencia del adulto. Ha progresado en la coherencia lógica del pensamiento y está en mejores condiciones que antes para expresar sus opiniones con cierto grado de objetividad y realismo. Se observa mayor autodominio en el propio pensamiento, liberado ya en gran parte de la influencia perturbadora del desequilibrio afectivo.

En la **maduración afectiva** se observa un mayor interés por los adolescentes del otro sexo, unido a la capacidad para salir de sí mismo e ir al encuentro y al trato personal. Esta atracción, aunque ya existía antes, estaba poco evolucionada. Suele apreciarse también la integración de sexo y eros, instinto y sentimiento, que en edades anteriores estaban disociados.

En la **maduración social** suele darse un progreso significativo en la superación de la timidez y de la inadaptación social. El adolescente tiene ahora, normalmente, unas relaciones más amplias y variadas que antes, desapareciendo así las amistades exclusivas.

Está en condiciones de relacionarse de forma más constructiva con su familia, encontrando menos dificultades para armonizar la autonomía personal con la necesaria dependencia de los demás. Esto ha sido posible, entre otras razones, porque ahora tiene una opinión más objetiva de sus padres.

La maduración social se manifiesta también por la aparición de los intereses profesionales. Estamos en la época del despertar de la vocación y de la elección de una carrera o profesión.

5. Normas educativas en la pubertad

— El púber necesita *ayuda para conocerse a sí mismo*, para descubrir en qué está cambiando y por qué. Esta información no debe reducirse al plano físico, sino que debe referirse también a los aspectos mentales y afectivos.

— La información debe adelantarse a la lógica curiosidad que el desarrollo sexual suele despertar. Este hecho no origina necesariamente problemas, pero pueden darse casos de curiosidad malsana y también de sentimientos injustificados de culpabilidad.

Es fundamental, por ello, situar la información física en el lugar que le corresponde dentro de una escala de valores, sin darle al desarrollo del cuerpo un valor absoluto, y sin reducir el cambio adolescente a una simple transformación del organismo.

Ello incluye, igualmente, una correcta información sobre el amor. Por ejemplo, que el púber descubra la falsedad de la ecuación «amor igual a sexo». Amor y sexualidad ni son sinónimos ni están ligados necesariamente; hay formas de comportamiento sexual sin amor y viceversa.

Que descubra también que:

Lo más característico
del amor
es la entrega.

El darse, y no el placer, y que lo segundo sin lo primero es mero egoísmo.

— En esta fase se necesita aprender a pensar. Ello incluye, por ejemplo, descubrir que existen otros puntos de vista sobre una misma cuestión tan valiosos como el propio; que las ideas son inoperantes si se vive fuera de la realidad; que la comprensión y aplicación de una idea exige esfuerzo personal...

— Ante la falta de autodominio y de voluntad que suele darse en este período:

Es aconsejable estimular la sobriedad y la fortaleza.

La virtud de la sobriedad supone aprender a usar los sentidos, el tiempo y el dinero de acuerdo con criterios correctos. De este modo se contrarrestará la tendencia del púber a «pasarlo bien» en todas las situaciones y a utilizar como único o principal criterio de decisión el de «me apetece o no me apetece».

La virtud de la fortaleza debe ayudarle a resistir las molestias que encuentre y a vencer las dificultades sin desanimarse.

CAPÍTULO 3
GERARDO CASTILLO

— Los padres deben crear un ambiente familiar de exigencia que facilite el desarrollo de las virtudes de la sobriedad, reciedumbre y fortaleza.

Ello se traducirá en cuestiones muy concretas:

— hora fija para acostarse y levantarse;
— control de la televisión (tanto en tiempo como en tipo de programas);
— no dar a los hijos más dinero del razonable;
— que estén siempre ocupados, evitando los riesgos que se derivan de la ociosidad;
— que tengan y cumplan un horario de estudio personal;
— que practiquen algún deporte de forma habitual;
— que colaboren en algunas tareas familiares a través de encargos.

Los padres deben estar atentos a las influencias del ambiente sobre sus hijos a través de lecturas, cine, televisión, amistades, etcétera (no es infrecuente el que algunas de estas influencias se opongan al tipo de educación que se está promoviendo en casa). Esta responsabilidad implica tanto estar informados en cada momento de lo que ocurre, como dar criterio a cada hijo acerca de ello.

No hay que olvidar, por ejemplo, que las ideologías tienen en estas edades gran poder de fascinación al encontrar el «terreno abonado» de la inmadurez del adolescente.

— Corresponde de un modo especial a profesores y tutores ayudar al púber en las dificultades que suelen presentarse en el estudio (debidas, sobre todo, al cambio de intereses y a la pereza típica de este momento).

Ello supondrá, por ejemplo, orientarle en procedimientos de estudio y estimular mucho el trabajo (es importante valorar el esfuerzo, es decir, reconocer que lo que hace ahora le cuesta más).

— Es conveniente también proponer al púber pequeñas metas relacionadas con:
— el dominio de los sentidos (por ejemplo, no mirarlo todo);
— el orden en su trabajo;
— la delicadeza en el trato, etc.

6. Normas educativas en la «adolescencia media»

— En esta edad conviene prolongar el desarrollo de las cuatro virtudes propuestas en la pubertad:

CAPÍTULO 3
GERARDO CASTILLO

sobriedad, fortaleza, pudor y castidad. A ellas deben añadirse ahora:

**Promover
el optimismo
y la generosidad.**

Los adolescentes tienen una visión pesimista del mundo y, además, desconfían de su capacidad personal para hacer algo que valga la pena. Por eso conviene fomentar en ellos la virtud del optimismo. Esta virtud implica confiar en las posibilidades propias y ajenas y *ver en primer lugar lo positivo de cualquier situación.*

A medida que ganan en optimismo decrecerá la crítica negativa (la que se limita a denunciar lo que está mal) y aumentará la crítica que persigue mejorar las cosas aportando soluciones.

— Los ideales y valores del adolescente son excesivamente abstractos y están alejados del acontecer diario. Es necesario por ello, ayudarles a concretar esos valores, a «materializarlos» en su propia vida. Ello supondrá hacer algo concreto cada día por los demás y de forma desinteresada (aunque ello suponga sacrificio y esfuerzo). Estamos fomentando así la virtud de la generosidad.

Y dado que a los adolescentes les mueven en gran manera los valores encarnados en personas concretas, es recomendable ayudarles a descubrir modelos que imitar.

— La rebeldía agresiva típica de este momento no se corrige con actitudes autoritarias. Los padres no deben dejarse llevar por el amor propio herido. Conviene, por el contrario, conservar siempre la calma, evitando entrar en el posible círculo de reproches mutuos.

La educación en torno a la rebeldía consiste en ponerla al servicio de objetivos valiosos. Los educadores deben saber aprovechar las energías sobrantes de los adolescentes encauzándolas hacia metas que tengan pleno sentido para ellos (relacionadas con los ideales nobles de esta edad).

— Los amigos juegan un papel muy importante en este momento. El adolescente suele compartir con ellos todo o casi todo su tiempo libre. Esto exige a los padres comprensión y «deportividad» para aceptar el alejamiento de los hijos, sin considerar «rivales» a sus amigos.

CAPÍTULO 3
GERARDO CASTILLO

La influencia de los amigos puede ser decisiva en estas edades. Por ello los padres deben aconsejar a sus hijos en el tema de la amistad. Esta labor se facilita si la casa está abierta a los amigos de sus hijos.

Conviene también que los padres sigan estando muy atentos a otras influencias que los hijos pueden recibir en el tiempo libre:
— qué leen;
— cómo se divierten;
— cómo gastan el dinero;
— qué aficiones tienen, etc.
— El tiempo libre puede ser oportunidad de mejora o de empobrecimiento para ellos. Los hijos necesitan, por tanto, criterios correctos acerca de cómo usar ese tiempo de forma inteligente y responsable.

También necesitan la colaboración de los padres para encontrar lugares y ambientes sanos para ocupar su tiempo libre.

— En esta época se empieza ya a plantear la cuestión de la elección vocacional. Al terminar la enseñanza básica el adolescente debe decidir si continúa sus estudios o si empieza a trabajar. Necesita, por tanto, orientación profesional para no elegir de forma improvisada y superficial.

— Dado que el adolescente es muy celoso de su libertad y suele entenderla además como independencia desvinculada, es muy conveniente esclarecerles este concepto. Esta cuestión es básica para que, a su vez, entiendan y acepten la autoridad de padres y profesores y, en general, cualquier tipo de dependencia y deber.

Habría que hacerles ver, por ejemplo, que la dependencia puede hacer más libre o menos libre al hombre:

— pierdo libertad si dependo de la droga o del sexo;
— no pierdo libertad si dependo de algo que es bueno y lo quiero de verdad.

También convendrá aclararles que la libertad crece en la medida en que se superan las limitaciones internas:

— la ignorancia;
— la falta de información;
— la pereza;
— la falta de iniciativa;
— la impaciencia...

Por último, es interesante que eviten el error de

CAPÍTULO 3

GERARDO CASTILLO

confundir libertad con «liberación». «Liberarse de», supone evadirse, no comprometerse.

Aquí tiene su origen muchas veces:
— la droga;
— el pasotismo;
— el gusto por la velocidad;
— el afán de tener cosas...

Se trata de una libertad ciega que denota falta de sentido de la vida. En cambio, la verdadera libertad es libertad para entregarse, para amar; es una libertad comprometida.

— En esta edad cuesta, a veces, entender el sentido de las normas morales (los adolescentes quieren «un Dios sin reglamentos»). Habrá que explicarles, por ello, que las normas morales no son obstáculos, sino puntos de referencia y «peldaños» para llegar al Dios verdadero. También habrá que comentar con ellos que:

El deber
es un compromiso
de amor.

Hay casos en los que se observa un retroceso en la vida de piedad: «la Misa no me dice nada»; «el

Rosario me aburre», etc. Las causas de este cambio pueden ser varias, pero todas ellas son, en principio, «coyunturales», propias de la edad.

Por ejemplo:
— una «pose» para llamar la atención;
— no saber vencer la pereza;
— llevarle la contraria a los padres;
— resistencia a hacer algo con poco interés y sentido para ellos en ese momento...

Es interesante saber que existen estas causas para no deducir conclusiones falsas de dicho comportamiento. Por ejemplo, la de que se trata de una «crisis de fe» (en el sentido de pérdida de la fe). La experiencia dice que, afortunadamente, la crisis de fe no es un rasgo típico de la adolescencia.

El hecho de que el adolescente tenga dudas de fe que antes «no tenía» o de que las prácticas de piedad «no digan nada», no significa por sí mismo que su fe se haya debilitado. Puede significar, en cambio, todo lo contrario, es decir, un intento de interiorizar y asumir personalmente las verdades reveladas.

Todas las normas educativas citadas pueden y deben aplicarse en el ámbito de la familia. Pero los padres deben saber aceptar y buscar ayudas

CAPÍTULO 3
GERARDO CASTILLO

de otras personas (profesores, tutores y sacerdotes). Deben, por ejemplo, pedir al centro educativo –si tienen la suficiente confianza en él– que se proporcione a sus hijos ideas claras y criterios correctos sobre los temas de la libertad y la fe.

Ello implica que se lleve a cabo una adecuada formación doctrinal religiosa de los hijos en continuo contacto con los padres, puesto que estos últimos son los primeros predicadores y educadores de la fe. Supone también que la selección de libros de texto, consulta y lectura recreativa se haga con buen criterio (tanto desde el punto de vista científico como moral).

Los padres necesitan también ayuda del centro educativo para mejorar continuamente como personas (en los mismos aspectos que sus hijos) y como educadores.

7. Caso: «Creo que he fracasado»[8]

1

En el nº 3 de la calle Industria, de Igualada viven tres personajes: Alberto, Roser y Joaquín. Padre,

---
[8] Caso original de SARA CASO DE LOS COBOS (ICE, OF-773, Universidad de Navarra).

madre e hijo; 42, 35 y 14 años respectivamente. Los tres salen a la vez para el trabajo: uno a su gestoría, de la que es dueño; Roser, a una tienda de regalos que lleva como encargada, y Joaquín, hacia el Instituto donde hace el bachillerato.

La ciudad de Igualada es tranquila y laboriosa. El comercio y la industria le dan un ritmo ordenado, algo monótono.

Pero para Joaquín la vida empieza a ser apasionante: por fin han logrado él, y sus tres incondicionales, un grupo. Con niñas, claro. Pasa largos ratos al teléfono y todo el tiempo que puede con los amigos. Organiza planes, fiestas, cines...: que si quedamos en casa de los Prat; que si tú avisas a las nenas, pero deja que yo se lo diga a fulanita...

Joaquín ha sido un buen estudiante. No había que insistirle demasiado. Su madre a las horas de los deberes siempre estaba en casa, y esa sensación de compañía ayudaba a Joaquín. Sin embargo, últimamente las cosas están cambiando al compás de otros cambios que Alberto padre observa con gesto pesaroso: reacio a la higiene, perezoso para todo lo que no sea estar con los amigos.

Por ejemplo: hay que insistirle mucho para que vaya a ver a los abuelos. Las últimas evaluaciones

CAPÍTULO 3
GERARDO CASTILLO

han sido flojas y, en la más reciente, tuvo dos suspensos. El chico ha crecido, está más alto que su padre. Su andar es desgarbado y sin compás; parece como si le pesaran los huesos; hasta va algo encorvado.

2

Alberto, mientras le observa, va recorriendo otros tiempos. Cuando Joaquín era pequeño no había plan que hicieran los padres del que no participara el hijo. A menudo ambos iban juntos a ver jugar al «Barça», del que Alberto es un gran hincha. Eran como un trío unido y solidario: Alberto, grave y preocupón; Roser, ingeniosa y divertida; Joaquín, feliz de estar con ellos.

3

«Eres un *pesimista* y no me interesa nada el fútbol» –le dijo Joaquín a su padre como colofón a una corta conversación que habían tenido–.

Pero, ¿qué era esa manera de hablarle? Alberto no recordaba haber utilizado ese tono con su padre en su vida. El motivo del diálogo –monólogo, diría Joaquín– había sido sobre la hora de llegar a casa los días de fiesta. Alberto no estaba dispuesto a que su hijo hiciera caso omiso de sus normas, y una de ellas era la puntualidad, Joaquín llevaba dos domingos llegando tarde; así que decidió castigarle sin salir el próximo.

Evidentemente Joaquín estaba contrariado, pero a su padre esa contestación le dejó, como se dice ahora, «descolocado».

4

Estamos en la salita de la casa. Roser y Alberto cambian impresiones. Joaquín está en su cuarto. Es otra novedad. Siempre que puede, se encierra allí, en vez de estar con ellos, como hacía tiempo atrás.

—«No me quiere, Roser, no nos entendemos. Nuestro hijo está llevando mal camino: vago, contestón, todo el día con sus amigos. Yo creo que me huye, Roser... (Pausa). Creo que, como padre, he fracasado».

Roser escucha y le deja hablar. Realmente Alberto estaba dolido. Quizá exageraba un poco, dado su carácter algo negativo, pesimista –¿cómo se había percatado Joaquín de ello?, ¿por qué se

CAPÍTULO 3
GERARDO CASTILLO

lo ha soltado así a su padre, con tan poco tacto?–. Pero algo de razón tiene Alberto. Ella también está harta de los «plantes» de Joaquín. No hay observación que se le haga que no obtenga una respuesta altisonante o cualquier cosa, con tal de quedarse con la última palabra.

5

Últimamente, hablaban a menudo del tema. Alberto le había dicho, en una ocasión, refiriéndose al chico:

—«Me gustaría ser amigo suyo».

Roser tenía sus ideas al respecto:

—«Basta con que seas su padre; ¿por qué forzar?».

En las reuniones a las que había asistido cuando Joaquín iba al colegio –reuniones a las que nunca consiguió arrastrar a su marido: –«Ya me dirás lo que os han contado. Yo estoy cansado. Además, ¿es que me van a enseñar algo esos profesores? Yo, en lo suyo, no me meto»–, allí, a veces, había salido el tema de la amistad con los hijos. Ella pensaba que eso de la amistad es algo espontáneo. ¿Cabría proponerse algo así con los hijos?, se preguntaba escéptica.

Claro que ella siempre se lo pasaba bien con el chico. «Sintonizaban». Aunque reconoce que Joaquín se está distanciando cada vez más de ella. ¿Y si tuviera razón Alberto? ¿Y si el chico estuviera en malas compañías? ¿Cómo animar a Alberto?

* * *

8. Comentarios al caso

El protagonista del caso, Joaquín, tiene una edad (14 años) que le sitúa en la frontera entre dos etapas: pubertad o adolescencia primera y adolescencia media.

Puede observarse el contraste entre la infancia de Joaquín y la etapa actual, la adolescencia. El cambio podría sintetizarse así: Joaquín «cambia» la casa por la calle; también «cambia» los padres por los amigos. Además deja de ser buen estudiante y de participar en la vida familiar (se encierra de modo habitual en su cuarto).

La nueva conducta de Joaquín nos permite detectar varios rasgos típicos de la adolescencia:

— el crecimiento corporal sin equilibrio (es alto y desgarbado);
— la pereza;

— el descuido de la higiene personal;
— la importancia del grupo de amigos;
— el alejamiento de la familia y de la vida familiar;
— la actitud hostil hacia los padres (desobediencia, críticas, malas contestaciones).

El caso permite también conocer cuál es la actitud de los padres ante el cambio de su hijo. Es una actitud errónea muy frecuente en padres con hijos adolescentes. Alberto y Roser se limitan a quejarse de la nueva conducta de Joaquín, culpando exclusivamente al chico de todo lo que ocurre; se sienten «dolidos» (hacen de ello una cuestión de amor propio herido).

Estos padres centran su atención en el comportamiento externo de su hijo (contestaciones, retrasos en el regreso al hogar, etcétera), olvidando el comportamiento interno:

— qué le preocupa;
— cómo le afecta interiormente la nueva edad;
— cuáles son las motivaciones de las nuevas conductas;
— qué nuevas necesidades tiene, etc.

Alberto y Roser ven a su hijo solamente a través de lo que ellos consideran malas conductas (con olvido de lo que de positivo puede tener el chico en su nueva edad).

Se trata, por tanto, de unos padres que tienen un conocimiento parcial y superficial de su hijo. Ello se debe, en parte, a que desconocen cuál es el sentido y las características de la adolescencia. No es extraño, por tanto, que los nuevos comportamientos de Joaquín originen desconcierto en los padres (más en Alberto que en Roser).

El desconcierto lleva a estos padres a buscar «culpables» de la nueva situación. Culpan al hijo, culpan a los amigos del hijo (sin saber cómo son) y se culpan a sí mismos («como padre, he fracasado», dice Alberto).

La falta de conocimiento de la psicología del adolescente lleva a Alberto a conclusiones precipitadas y posiblemente erróneas sobre la conducta de su hijo: «nuestro hijo está llevando mal camino»; «no me quiere».

Alberto incurre en una contradicción. Por una parte admite que ha fracasado como padre; por otra nunca ha asistido a las reuniones para padres que organiza el colegio. Considera que no tiene nada que aprender: «¿es que me van a enseñar algo esos profesores?».

CAPÍTULO 3
GERARDO CASTILLO

El sentimiento de culpabilidad de Alberto le induce a un único propósito: «me gustaría ser amigo suyo». Es, sin duda, un buen propósito, pero da la impresión de que Alberto no sabe cómo conseguirlo. Cabe dudar que lo consiga si no modifica su actitud (ya comentada) hacia su hijo.

¿Qué tipo de ayudas necesitan estos padres para intentar resolver los problemas que acabamos de comentar? Podrían ser las siguientes:

1. Ayudarles a descubrir que tienen algunas actitudes erróneas en relación con su hijo:
   — es mejor conversar abiertamente, una o varias veces, sobre el tema que castigarle sin salir;
   — es un error no asistir a las reuniones del colegio;
   — deben procurar conocer mejor cómo son los adolescentes para aprender a descubrir las necesidades propias de su edad.
2. Ayudarles a conocer el «por qué» y el «para qué» de la etapa adolescente:
   — preocuparse en prepararse mejor como padres de hijos adolescentes.
3. Ayudarles a desarrollar actitudes positivas en el trato con su hijo adolescente:

- ver y valorar los «aciertos» de Joaquín evitando polarizarse en sus «errores»;
- valorar más el esfuerzo que los resultados conseguidos;
- dialogar con su hijo. Ello exige saber preguntar (preguntas interesantes y que hagan pensar) y saber escuchar;
- aceptar las nuevas necesidades de su hijo relacionadas con la maduración personal. Por ejemplo: tener ideas y opiniones propias; ser rebelde; estar diariamente con los amigos;
- no dramatizar a propósito de los nuevos comportamientos del hijo adolescente. Evitar hacer una «tempestad» de cada «gota de agua». Serenidad y sentido del humor.

4. Ayudarles a ver la necesidad de prepararse en algunas cuestiones relacionadas con la educación de los hijos adolescentes:
- uso del tiempo libre;
- vida de amistad;
- virtudes humanas; respeto, comprensión, laboriosidad, responsabilidad;
- estudio como trabajo diario bien hecho;

— educación de la voluntad (basada sobre todo en la superación personal de las pequeñas dificultades de cada día).
5. Aclararles que es bueno responsabilizarse de la educación de su hijo, pero que es malo culpabilizarse.
6. Fomentar en ellos el optimismo. No deben considerarse fracasados: los problemas de entendimiento entre padres e hijos adolescentes son muy frecuentes (y también se dan con «buenos padres», aunque menos); los padres pueden aprender y mejorar a lo largo de toda su vida; los hijos suelen madurar con la edad. Necesitan visión de futuro (no dejarse «atrapar» por lo que ocurre en el momento presente; no pensar que su tarea educativa ya terminó y que terminó mal).

9. Preguntas y respuestas

¿Por qué los adolescentes son rebeldes?

La rebeldía es una conducta típica de los adolescentes. Ser adolescente y ser joven es ser rebelde.

En la pubertad y adolescencia media suelen rebelarse por varios motivos:

1. para autoafirmar una personalidad insegura;

2. para defender lo que consideran son sus derechos;
3. para conseguir caprichos y ventajas personales.

Las rebeldías de esta época son simples mecanismos de defensa. Sus rebeldías son egoístas y no responsables (se limitan a protestar ante lo que les molesta, sin dar soluciones).

En la adolescencia superior suelen aparecer formas de rebeldía más evolucionadas y maduras: en función tanto de derechos como de deberes; con el propósito de colaborar en la resolución de algún problema. Al ser el momento de los ideales, se rebelan contra lo que no responde a esos ideales o valores (por ejemplo, las injusticias sociales).

¿Qué actitud deben adoptar los padres ante la rebeldía de sus hijos adolescentes?

En primer lugar, aceptarla, ya que es un rasgo típico de esta edad. En segundo lugar, orientarla, elevar el punto de mira de esa rebeldía. La rebeldía inicial suele ser negativa, porque los hijos no saben todavía qué es lo que quieren (solo saben qué es lo que no quieren).

Orientar la rebeldía supone ayudar a los hijos a descubrir auténticos valores y a formular metas

CAPÍTULO 3
GERARDO CASTILLO

importantes para su vida. De este modo sabrán rebelarse no solo en función de sus derechos, sino también en función de sus deberes. Esto equivale a crecer en virtudes humanas (como la justicia, el respeto o la fortaleza) y en virtudes sobrenaturales (como, por ejemplo, la caridad).

Para lograr estos objetivos los hijos necesitan padres auténticamente rebeldes. Necesitan buenos ejemplos de sus padres en todo lo relacionado con la mejora propia y con la mejora del entorno social en el que viven.

La autoridad de los padres, ¿es compatible o incompatible con la rebeldía de los hijos adolescentes?

Para orientar la rebeldía de los hijos es imprescindible el ejercicio de la autoridad. La autoridad es –de acuerdo con su significado etimológico– acrecentamiento de las posibilidades del otro. La autoridad es una influencia para que el otro se eleve, sea más y mejor.

Los hijos adolescentes necesitan buenos ejemplos (la mejor forma de autoridad) y buenos consejos; también necesitan ser exigidos, orientados y corregidos en su conducta. Todo esto pertenece al ejercicio de la autoridad.

Una autoridad bien entendida se ejerce para favorecer la mejora personal de los hijos (y no para que los padres se desahoguen tras los enfados). La autoridad es para servir a los hijos como personas, para educarles (y no para dominarles o utilizarles).

Si los padres entienden así la autoridad (sin confundirla con el autoritarismo) no solo no es incompatible con la necesaria rebeldía de los hijos adolescentes, sino que es una ayuda educativa necesaria para orientar e incluso estimular esa rebeldía.

Una autoridad bien entendida y bien ejercida (con comprensión, respeto, realismo, tacto, fortaleza) es de gran utilidad tanto para corregir y reorientar las rebeldías negativas como para «provocar» las rebeldías positivas.

El adolescente de hoy ¿es diferente al de otras épocas?

La situación básica es siempre la misma: el adolescente quiere pasar en poco tiempo de la dependencia a la independencia con respecto a los adultos. Eso no es posible hacerlo sin rebeldía (buena o mala).

Los adolescentes de hoy suelen ser más precoces en el desarrollo físico y en la conducta social

CAPÍTULO 3
GERARDO CASTILLO

pero, en cambio, tardan más en entender y aceptar que la libertad debe usarse de forma responsable. Algunos confunden libertad con «estar liberados» de todas las normas éticas de comportamiento. Estas normas son consideradas como «prejuicios» y convencionalismos a extinguir. En consecuencia, valoran solo la conducta puramente espontánea.

Pondré dos ejemplos. Muchos adolescentes de hoy huyen de cualquier compromiso con alguien o con algo. Otros hacen en cada momento lo que les apetece o les conviene, sin preguntarse si moralmente está bien o está mal. Estos comportamientos revelan inmadurez, y son una consecuencia del permisivismo que predomina en la sociedad actual. Por eso puede afirmarse que la sociedad permisiva de hoy (donde lo legal muchas veces es inmoral) retrasa la maduración de los adolescentes.

Como consecuencia de estas influencias, muchos adolescentes de hoy están perdiendo la capacidad de rebelarse para caer en actitudes conformistas. Y esto es muy preocupante. De un rebelde equivocado se puede esperar mucho más que de un conformista.

¿Qué tres consejos convendrá dar hay a los padres de hijos adolescentes?

En primer lugar que se esfuercen cada día en dar buen ejemplo a sus hijos en todo lo que hacen. A los adolescentes les estimula mucho ver que sus padres son coherentes en su vida, es decir, que su conducta no se contradice con sus principios e ideales.

Padres:
Dad buen ejemplo
a vuestros hijos.

En segundo lugar, que no tengan miedo o «complejo» de ejercer la autoridad. Para los adolescentes la exigencia es un estímulo necesario en el desarrollo de sus capacidades. Lo que produce hoy más «traumas» no es el posible autoritarismo (autoridad mal ejercida), sino el permisivismo de tantos padres. Esto último hace que los hijos sean personas sin voluntad.

Padres:
Ejerced la autoridad-servicio
sin miedo.

CAPÍTULO 3

GERARDO CASTILLO

En tercer lugar, que orienten a sus hijos para el buen uso del tiempo libre. A los adolescentes de hoy les perjudica mucho la ociosidad y la falta de criterio al elegir lecturas, amistades, programas de televisión y diversiones. Por ello es muy importante que estén siempre ocupados y que sepan seleccionar las actividades en función de la mejora personal.

Padres:
***Orientad a los hijos en el buen uso
del tiempo libre.***

PARA PENSAR
PARA ACTUAR...

Para recordar...

La adolescencia es una crisis de crecimiento y de adaptación a una nueva situación. Es, por ello, signo de avance y no de retroceso.

Lo que el adolescente espera de los educadores es que le ayuden a aprovechar mejor las inmensas posibilidades de esta etapa del desarrollo para crecer como persona.

Para pensar...

Piensa hasta qué punto estás favoreciendo que tu hijo adolescente entienda y ejerza correctamente su libertad:

¿Le pides que afronte de modo personal las consecuencias de sus actos?
¿Le animas a que se informe y piense antes de adoptar una decisión?
¿Fomentas que aprenda a valerse por sí mismo, evitando ayudas ajenas innecesarias?

Para leer...

Leer los capítulos IV y V del siguiente libro: Gerardo Castillo, *Preparar a los hijos para la vida*, Col. Hacer Familia, nº 16, Ed. Palabra.

Leer los capítulos 2, 4 y 5 del libro: Gerardo Castillo, *El adolescente y sus retos*. Ed. Pirámide.
Temas: La difícil conquista de la madurez personal; el despertar de la personalidad; el desarrollo de la identidad personal.

Para hablar...

Tema a hablar entre los padres:
¿Qué actitud adoptar ante las rebeldías del hijo adolescente?

Tema para hablar con un hijo adolescente:
La importancia de una virtud menospreciada hoy: el pudor.

Para actuar...

Objetivos de Planes de Acción:

— Autoridad: lograr que los padres sean coherentes, en su propia conducta, con respecto a lo que le están exigiendo a su hijo adolescente. Por ejemplo: que no compre cosas superfluas; que no se queje de la comida; que no esté varias horas diarias ante el televisor, etcétera.

— Tiempo libre: lograr que el hijo adolescente esté siempre ocupado en algo, sin caer en la ociosidad; conseguir que el hijo se acostumbre a pedir orientación a sus padres antes de elegir un libro o un vídeo.

— Autoestima: conseguir que el hijo adolescente acepte su nueva imagen corpórea (tras los cambios físicos de la pubertad), evitando posibles decepciones y complejos.

UN PLAN DE ACCIÓN
Elena y Enrique

SITUACIÓN:
Se trata de una familia con tres hijos: Enrique de 14 años, Elena con 16 recién cumplidos y Juan, el pequeño, con 7. El padre es

comerciante y la madre maestra en la escuela pública de Juan.

OBJETIVO:
El tiempo libre.

MEDIOS:
Poner orden en los horarios de verano y aprovechar el tiempo: hora de levantarse las 8.30; de 10 a 12 de la mañana tiempo de trabajo todos los días incluido los sábados, excepto si algún día se programaba una excursión o algún evento extraordinario. Enrique se dedicaría a estudiar matemáticas y otra asignatura que tenía floja. Elena, cuyas notas habían sido buenas, se dedicará a estudiar inglés y a dar clase a su hermano Juan que ha llevado un curso muy flojo y necesita reforzar alguna asignatura.

MOTIVACIÓN:
Los padres se pasaban la vida trabajando por ellos y querían lo mejor para sus hijos: buenos estudiantes y una buena carrera para cuando fueran mayores, en la familia todos tenían que ayudarse. De 10 a 12 de la mañana todos los hijos a estudiar o a trabajar. Las excepciones las debían acordar con los padres.

HISTORIA:
Los hijos estaban acostumbrados a este tipo de exigencia y lo aceptaron bien, la peor en aceptarlo fue la mayor, Elena. Tuvo que hablar a solas con ella el padre, pero al final accedió. Le pidió algo de dinero por dar clases al pequeño y como se estaban ahorrando a un profesor, quedaron que si las clases las daba como un buen profesional la ayudarían económicamente. Elena al final aceptó satisfecha.

RESULTADOS:
Pasaron un mes en el pueblo de la familia, donde ellos tenían muchos amigos con quien divertirse. Los hijos cumplieron pero con algunas excepciones que pidieron permiso, sabían que si no eran responsables con sus obligaciones no habría excepciones, conocían bien a sus padre. Resultados muy buenos.

PARTE SEGUNDA "B"

> «La adolescencia es la edad de los grandes ánimos y de los grandes desánimos; la edad de las victorias y de las derrotas. Lo importante es que sea la edad de la lucha»
>
> C. Burke

PROBLEMAS MÁS FRECUENTES

CAPÍTULO 4

PROBLEMAS ACTUALES EN LA EDUCACIÓN DE LOS HIJOS

Problemas actuales en la educación de los hijos adolescentes

Este capítulo pretende dar respuesta a algunos interrogantes que se presentan hoy en la educación de los hijos adolescentes.

Ello implica una referencia tanto a los problemas que plantean los adolescentes como a las posibles ayudas educativas desde la familia.

1. Problemas más frecuentes hoy en los hijos adolescentes

La adolescencia es una de las etapas críticas de la vida. Aquí la palabra *crisis* tiene, como ya he-

CAPÍTULO 4
GERARDO CASTILLO

mos visto, un sentido positivo: significa crecimiento (físico y psíquico), desarrollo de la personalidad, búsqueda de la conducta autónoma.

Pero toda crisis significa replanteamiento de la vida anterior y esfuerzo para adaptarse a una nueva situación. Este proceso es lento y difícil; es un largo camino lleno de problemas (cuestiones a resolver) para el adolescente y para quienes conviven con él.

Algunos de estos problemas pertenecen a la *«adolescencia de siempre»*. Por ejemplo:

— las rebeldías negativas;
— la disminución de la capacidad de esfuerzo;
— la no aceptación de los deberes y responsabilidades;
— el alejamiento de los padres en beneficio de los amigos.

Otros problemas están más relacionados con la *adolescencia de hoy*. Por ejemplo:

— la mitificación de la conducta espontánea o conducta irreflexiva;
— el seguimiento, por sistema, de la «ley del capricho» y del deseo;
— el menosprecio de las buenas formas o buenos modales en la convivencia, con la consiguiente falta de respeto a las personas;

- el «pasotismo» como forma de vida (no aceptar problemas);
- las innumerables formas de evasión (velocidad, sexo, alcohol, droga, etc.), planteadas como «paraísos artificiales», como mecanismos para huir de los problemas;
- la fascinación ante las modas y las novedades (tanto en las cosas como en las ideas);
- el consumismo (creador de necesidades materiales superfluas).

El problema básico de muchos adolescentes de hoy: la pérdida de la actitud de rebeldía, el conformismo.

> *El conformismo es una enfermedad del espíritu que anula la ilusión del trabajo... y del esfuerzo.*

2. Las causas de los problemas actuales

En los problemas de la «*adolescencia de siempre*» existen varias causas fundamentales:
- la inseguridad (que es fuente de insatisfacción y agresividad);

CAPÍTULO 4
GERARDO CASTILLO

— la reducción de la idea de libertad a simple independencia (lo que dificulta entender la autoridad de los padres y aceptar responsabilidades personales);
— la falta de conocimiento de sí mismo.

En lo que se refiere a los problemas de la «*adolescencia de hoy*» destaco estas causas:

— la influencia de ideologías totalitarias sobre los adolescentes con mensajes opuestos a la dignidad de la persona humana;
— el predominio –en la sociedad actual– de la dimensión placentera y utilitaria de la vida sobre la dimensión ética de la vida;
— la pérdida de vida familiar (lo que dificulta el descubrimiento de valores verdaderos y de pautas de comportamiento para la vida futura);
— el no ejercicio de la autoridad;
— el permisivismo educativo (que es la causa de una laguna muy importante: hoy apenas se educa la voluntad).

Estas causas hacen que actualmente la adolescencia sea un período bastante más amplio que en el pasado. La adolescencia es hoy una crisis que no suele resolverse en su momento y que se prolonga en la edad adulta. Muchos adultos tienen rasgos de inmadurez adolescente, como, por ejemplo, culpar de todo a los demás y rehuir deberes y compromisos personales.

3. Posibles soluciones para los nuevos problemas

Las soluciones deben venir sobre todo de la familia, porque es el ámbito con mayores posibilidades de influir en la mejora de los hijos como personas.

La familia debe ayudar a los hijos a descubrir qué es lo que quieren en la vida, sabiéndolo distinguir de lo que simplemente les gusta o les apetece.

Esto significa: ayudarles a descubrir los valores verdaderos.

La familia debe fomentar la capacidad crítica de los hijos hacia las influencias ideológicas del ambiente.

La familia debe favorecer que los hijos consigan lo que quieren y afronten dificultades por sí mismos, con esfuerzo personal. Los hijos deben conocer y cumplir cada día sus deberes en la familia y en la escuela o lugar de trabajo. Todo ello es necesario para educar la voluntad.

La familia debe esclarecer a los hijos el concepto de libertad, sin separarlo de la responsabilidad personal.

Por último, es importante orientar las rebeldías de los hijos: que se rebelen por lo que vale la pena, que lo hagan pensando en los demás y no solo en sí mismos, que ofrezcan soluciones, sin limitarse a denunciar o protestar.

Este tipo de soluciones pueden concretarse en «Planes de Acción»:

—Hacer un *plan familiar de lecturas* para un hijo adolescente que incluya biografías de personas con valores verdaderos vividos, que descubran *virtudes humanas* en famosos exploradores, inventores, deportistas, militares, artistas, etc., que descubran *virtudes sobrenaturales* en vidas de santos.

— Proponer a un hijo adolescente un *juicio crítico de los anuncios de televisión* durante un tiempo determinado, con el fin de descubrir posibles reduccionismos de tipo ideológico como, por ejemplo:

- persona reducida a consumidor;
- libertad reducida a libertad de tener más cosas;
- felicidad reducida a disfrutar con nuevos productos.

Condicionar el permiso o la ayuda de los padres para que un hijo adolescente realice *un proyecto personal* (un viaje, una fiesta en casa con los amigos, etc.) a que haga un plan bien pensado y a que esté dispuesto a afrontar por sí mismo las dificultades que surjan.

— Tener *una conversación* con un hijo adolescente a propósito de una de sus rebeldías concretas. Preguntarle:

- ¿Vale la pena rebelarse por eso?
- ¿Te rebelas para hacer el bien a los demás o para conseguir algún capricho personal?
- ¿Te limitas a protestar o das también soluciones concretas?

4. La adaptación de los adolescentes a la vida universitaria

El paso del bachillerato a la carrera universitaria es un salto considerable. Hay un notable cambio de situación. En la Universidad no basta con

CAPÍTULO 4
GERARDO CASTILLO

tomar apuntes en clase y estudiar un libro de texto. Es necesario, además, preparar muchos temas por propia cuenta. Ello exige otro tipo de estudio: un estudio más reflexivo y crítico.

Muchos alumnos no están preparados para la nueva situación, por lo que tienen que hacer un considerable esfuerzo de adaptación a la vida universitaria. En el primer curso de carrera suele haber, por ello, desengaños y desconciertos.

Para ayudar a los hijos a adaptarse a la vida universitaria los padres pueden hacer «Planes de Acción» del siguiente estilo:

Pedir a un hijo adolescente pre-universitario que haga un *plan de estudio autónomo* para un tiempo determinado.

Debe incluir:

— meta a conseguir;
— actividades a realizar;
— distribución del tiempo de estudio;
— elección de un método de estudio;
— cómo autoevaluar lo aprendido.

— Proponer a un hijo adolescente que *averigüe por sí mismo si tiene la base de conocimientos necesaria* para iniciar el estudio de determinadas asignaturas de la carrera universitaria que quiere hacer. En caso negativo: que proponga procedimientos para resolver el problema antes de llegar a la Universidad.

5. Importancia de la voluntad en la etapa adolescente

El imperativo de Píndaro expresa muy bien la función de la voluntad en la vida del hombre: «Llega a ser el que eres». Es decir: llega a ser libremente, con tu actividad esforzada, el que eres de un modo natural, el que eres por ser persona, por tener dignidad.

El hombre tiene el deber de estar a la altura de su dignidad, de la grandeza original que dimana de Dios, y no de sí mismo.

Para llegar a ser el que soy tengo que *querer*.

*El querer
es la esencia
de la voluntad.*

La voluntad debe ser ejercitada en todas las etapas de la vida, aunque de un modo especial en la adolescencia. Los adolescentes maduran a partir de la lucha personal.

CAPÍTULO 4
GERARDO CASTILLO

La educación de la voluntad persigue, por una parte, que los hijos tengan *fuerza de voluntad;* una voluntad fuerte, decidida, tenaz. Ello implica capacidad de esfuerzo, autodisciplina y autoconfianza.

Pero no basta tener mucha voluntad (la poseen incluso los antihéroes de las series de televisión). La educación de la voluntad incluye *orientar la voluntad al verdadero bien,* de acuerdo con normas morales. Se trata de *orientar el querer,* sin confundirlo con el deseo. De este tema se ocupa la educación moral.

Para educar la voluntad hay que despertar en los hijos *motivos* valiosos para hacer lo que tienen que hacer:

— darles muchas oportunidades para que *resuelvan sus dificultades por sí mismos;*
— estimular la *ilusión por la obra bien hecha;*
— favorecer actos libres con decisiones personales;
— fomentar *actos bien realizados,* con esfuerzos repetidos y continuidad en la tarea.

Así se forman los *hábitos* operativos buenos (virtudes).

Estos medios pueden aplicarse en situaciones como las siguientes:

PROBLEMAS ACTUALES EN LA EDUCACIÓN DE LOS HIJOS

— A propósito de la realización de un *encargo en casa* por parte de un hijo adolescente (por ejemplo, dar «clase particular» a un hermano pequeño):
— explicarle por qué y para qué hacer –y hacer bien– ese encargo;
— evitar resolverle todas las dificultades que se le presenten (pedirle que las intente resolver él mismo);
— proponerle cada semana que cuide un detalle concreto de su trabajo. Por ejemplo: la puntualidad, el orden, la paciencia, el acabado de cada tarea;
— proponer a un hijo adolescente que haga un *horario diario de estudio* para un tiempo determinado y que se esfuerce por cumplirlo luchando contra las dificultades que surjan.

6. La educación de la afectividad en la adolescencia

El hombre se educa en la medida en que cultiva sus facultades específicas: inteligencia, voluntad, afectividad.

La afectividad es la facultad de querer a los demás, de tener buenos sentimientos.

CAPÍTULO 4
GERARDO CASTILLO

Los adolescentes suelen tener la afectividad perturbada por los cambios físicos de esta etapa. La vida afectiva está así condicionada por la inquietud de los instintos y por el simple deseo.

Ello origina problemas como los siguientes:
— sentimientos cambiantes, pasajeros, que no permanecen;
— sentimientos contradictorios;
— afectividad desbordada, no controlada;
— respuestas desproporcionadas o desmesuradas;
— carga emocional en todo lo que hacen, lo que dificulta la reflexión y la objetividad.

La educación de la afectividad supone aprender a captar los sentimientos propios y ajenos. Consiste, esencialmente, en gobernar los sentimientos, integrándolos en la conducta total. Este audominio se ejerce por medio de la voluntad.

La persona que controla sus sentimientos es más libre que la que se deja llevar o arrastrar por ellos.

Hay que evitar que los sentimientos estén dirigidos por el deseo (por la conducta irreflexiva y ciega). Para ello es necesario:

***Fomentad la reflexión
antes de actuar.***

Ello incluye plantearse si lo que se quiere hacer está bien o está mal desde el punto de vista moral.

Hay que suscitar en los hijos sentimientos elevados, positivos. Que con el tiempo tengan mayor finura y nobleza de sentimientos: sentimientos generosos, altruistas. Esta labor educativa puede concretarse con los siguientes «Planes de Acción».

— Proponer a un hijo adolescente alguna *actividad periódica que suscite buenos sentimientos*. Por ejemplo, visitar a personas enfermas; visitar una exposición de pintura.

— Pedir a un hijo adolescente que intente *captar los sentimientos* de un hermano en ciertas situaciones concretas. Por ejemplo, sentimientos de alegría o de tristeza, de placer o de dolor, de inquietud o de paz a propósito de conocer las calificaciones escolares o de ganar o perder un partido de fútbol, baloncesto u otro deporte.

— Proponer a un hijo adolescente que intente *dominar su sentimiento de disgusto* (evitando la cólera, el mal humor, etc.) en la primera contrariedad que se le presente.

CAPÍTULO 4

GERARDO CASTILLO

7. Caso: «Los problemas de Ricardo»

Pasaban cinco minutos de las 11 de la noche cuando llegó Ricardo a su casa. Como siempre, un sonoro portazo avisó a sus padres de su llegada. Se dirigió a la cocina y gritó:

—¡Mamá, la cena!

Su madre apareció dispuesta a prepararle algo de cenar. A los pocos momentos llegó también su padre con cara de pocos amigos diciéndole:

—Ya está bien de llegar tan tarde. Tu madre está cansada y aún no se ha podido acostar. Y no quiero volver a oír ni un portazo en esta casa. Parece que has tomado a tu madre por tu esclava: te hace la cama, recoge el cuarto de baño después de tu paso, te lava la ropa y te prepara la comida a deshora. Tú, a lo tuyo...

Ricardo no se dio por enterado y aprovechó para decir:

—Sí papá. Por cierto, mañana nos vamos los amigos a la playa y me traerá Manolo a las dos de la noche.

—¡Ni hablar! Has de llegar a cenar con todos a las diez de la noche.

— ¡Si todos mis amigos van, no sé por qué tengo

que quedarme en casita a aburrirme! Ya no soy un niño y sé lo que tengo que hacer.

— No, un niño ya se ve que no eres: un niño no hubiera llegado a casa bebido dos veces en el último trimestre. ¡No tienes vergüenza! ¡No me puedo fiar de ti! Cuando recuperes mi confianza ya hablaremos de salir de noche.

Ricardo, visiblemente alterado, dejó la cena y mascullando no se sabe bien qué se metió en su cuarto, dando un portazo al cerrar. Si su madre no detiene a su padre, se podía haber armado una buena.

Ricardo también tiene problemas con sus amigos. Se pelean de cuando en cuando con él. Es curioso, pero los de su pandilla no suelen pelearse entre ellos; solo con Ricardo, porque sus amigos piensan que es inaguantable cuando se empeña en llevar la voz cantante o se hace el gracioso. No soporta que se metan con él y se pone «gallito» con facilidad.

Está muy pendiente de sí mismo y algo acomplejado porque tiende a engordar. Sigue una dieta, acude a un gimnasio para desarrollar los músculos y toma todo tipo de píldoras energéticas y bio-no-sé-qué. Cuando entra en el cuarto de baño, sus hermanos se buscan algo que hacer para los próximos 45 minutos: el sonido de la secadora de pelo sirve de aviso de que ya queda poco para poder ducharse.

De hecho, le cuesta hacer amigos: últimamente vienen a casa algunos del gimnasio, dispuestos a jugar con el ordenador. Su madre, que está preocupada porque se da cuenta de que lo pasa mal por falta de amigos, no pone ninguna pega a que vayan a casa y les prepara de merendar, aunque no le acaban de convencer esos chicos. Ricardo lo pasa bien con ellos: además, el ordenador es suyo y se juega a lo que diga él.

Es buen estudiante y sus calificaciones son de las mejores. Aun así, no se lleva muy bien con los de su clase. A veces hace alguna payasada para llamar la atención y en la última evaluación le ha plantado cara a varios profesores, sin venir a cuento. Hace dos años, estuvo en el Consejo de curso, pero no ha vuelto a salir elegido: en el Consejo solo le importaba qué sitio iba o ocupar en clase y quién se iba a poner a su lado.

8. Comentario al caso

Parece claro que Ricardo tiene problemas de relación con los demás, problemas de convivencia.

¿Cómo es Ricardo?
¿En qué ambientes tiene problemas de convivencia?
¿A qué son debidos?
¿Qué le aconsejarías para solucionarlos?

■ ¿Cómo es Ricardo?

Ricardo es un chico que se comporta de acuerdo con varios rasgos típicos de la psicología de la etapa adolescente:

— demasiado pendiente de sí mismo, centrado en lo suyo, con olvido de las necesidades de las personas con las que convive (padres, hermanos, compañeros de estudio, amigos). No tiene detalles de servicio hacia los demás (egocentrismo);

— le da una excesiva importancia a su aspecto físico. Por este motivo pasa mucho tiempo delante del espejo y en el gimnasio (narcisismo, vanidad); se deja llevar por la conducta espontánea (irreflexión);

— no tiene en cuenta las normas y obligaciones de la vida familiar, de la vida escolar y de la vida de amistad (libertad reducida a simple independencia, libertad sin responsabilidad;

CAPÍTULO 4
GERARDO CASTILLO

dificultad para entender la autoridad; sin sentido del deber);
— excesiva confianza (solo aparente) en su capacidad; no acepta orientaciones y consejos (autosuficiencia);
— vive en su casa con el mínimo esfuerzo, no ayuda, da trabajo a los demás (pereza);
— falta de respeto a los padres y profesores (la edad de los malos modales).

En contraste con los anteriores rasgos de inmadurez, Ricardo es buen estudiante. Esto no es muy frecuente en la adolescencia. En esta etapa suele disminuir el interés por las materias de estudio (en beneficio de otros intereses nuevos). También suele reducirse la capacidad de esfuerzo.

■ ¿En qué ambientes tiene problemas de convivencia?

Tiene problemas en el ambiente familiar: falta de comunicación y conflictos con su padre. No los tiene con su madre porque le exige menos.
También tiene dificultades en el ámbito de la amistad: le cuesta hacer amigos y riñe habitualmente con ellos.

Otro ambiente en el que Ricardo manifiesta problemas de convivencia es el escolar: se lleva mal con los compañeros y con los profesores, y no es reelegido para el Consejo de curso.

¿A qué son debidos los problemas?

Los adolescentes viven en un estado de inseguridad, de falta de confianza en sus propias posibilidades. Por ello tienden a afirmar su personalidad insegura con muchos recursos que molestan a los demás. Ricardo, por ejemplo, se hace el gracioso y actúa como «gallito» en el grupo de amigos; hace payasadas en clase para llamar la atención de sus compañeros; planta cara a los profesores y a su padre. La inseguridad genera rebeldía.

Los adolescentes se ocupan mucho de sí mismos porque están experimentando cambios muy importantes tanto a nivel físico como a nivel psíquico. Pasar de niño a mayor en pocos años reclama toda su atención. Es la etapa del nacimiento de la intimidad: ello exige ocuparse de esa vida interior que está surgiendo. Pero al centrarse en su propio yo los adolescentes se despreocupan de los problemas y necesidades de los demás. Ricardo, por ejemplo, vive para sí mismo, y no para sus padres y amigos.

La conducta independiente y autosuficiente unida a los malos modales constituye otro obstáculo para mantener una relación estable con otras personas. Ricardo, por ejemplo, quiere llevar siempre la voz cantante en su grupo de amigos y no acepta los criterios establecidos en su casa.

Los problemas de convivencia familiar están favorecidos también por la actitud del padre de Ricardo. El padre hace bien al exigir a su hijo que se adapte al horario familiar y que ayude en casa. La vida de familia lo requiere. Ricardo necesita encontrar autoridad, aunque no la entienda o no la quiera entender. Pero parece que este padre puede mejorar en comprensión y tacto (esto se observa, por ejemplo, en la forma en cómo habla a su hijo). Los malos modos del padre le quitan autoridad y fomentan la rebeldía del hijo.

¿Qué orientaciones ayudarían a resolver los problemas comentados?

Para educar a un hijo adolescente no basta corregir sus defectos. Es necesario además apoyarse en sus «puntos fuertes».

Ricardo es un buen estudiante. Sus calificaciones son de las mejores de la clase. Si, por ejemplo, se le encarga que ayude en el estudio a un grupo de compañeros o amigos con dificultades de aprendizaje, se podría conseguir que se sienta útil, que gane en sentido de responsabilidad, que desarrolle la actitud de servicio. Además, así aumentaría su prestigio entre los chicos de su edad, con muchas posibilidades de aumentar su número de amigos.

Otro «punto fuerte» a la edad de Ricardo es la necesidad de tener amigos. Quiere tener amigos y pasarlo bien con ellos, pero no sabe hacerlo. Alguien tiene que ayudarle a descubrir las causas y las soluciones de este problema. Esto significa ayudarle a conocerse mejor a sí mismo.

Ricardo mejorará en su vida de amistad cuando sepa sus defectos y luche por corregirlos: no se muestra tal como es (falta de sencillez y naturalidad); quiere ser siempre el centro; no tiene capacidad de aguantar; se enfada fácilmente; se preocupa sólo de sus propios intereses... Hay que animarle a desarrollar «cualidades amistosas»: sinceridad, paciencia, generosidad, lealtad, etc.

CAPÍTULO 4
GERARDO CASTILLO

El problema de convivencia familiar requiere actitudes positivas en su padre. El padre no debe limitarse a prohibir, corregir y sermonear; debe alabar las buenas conductas de su hijo (por ejemplo, en el estudio); debe hablar a su hijo con serenidad, respeto y tacto; debe escucharle, intentar comprender su punto de vista y darle explicaciones cuando le prohíbe algo.

La conducta de Ricardo en casa mejoraría también si la madre fuese menos permisiva con él. Por ejemplo: que no recoja el cuarto de baño después del aseo de Ricardo; que no le haga la cena si viene a deshora, etc.

Alguien tiene que aclararle también a Ricardo que a todo derecho corresponde un deber. En la vida familiar los hijos tienen derechos y deberes. Los hijos tienen el deber de ser buenos hijos, lo que supone, querer a los padres y aceptar responsabilidades familiares. Los hijos no pueden vivir en la familia como si la casa fuera un hotel (y, además, gratuito).

CAPÍTULO 5
EL IMPACTO DE LA FALSA CULTURA

El impacto de la falsa cultura en la edad adolescente

Un objetivo fundamental en la vida de todas las personas es el de llegar a ser cultas. Para lograrlo, es necesario buscar la auténtica cultura en cada edad, sabiéndola distinguir de la falsa. Un problema muy actual es la confusión que se da en muchas personas entre cultura y pseudocultura. (Esta última suele denominarse también subcultura y contra-cultura). Este problema afecta hoy de modo especial a los adolescentes y se habla mucho del fenómeno de la *subcultura o contracultura adolescente.*

CAPÍTULO 5

GERARDO CASTILLO

La cultura supone información o adquisición de conocimientos, pero no se detiene en el nivel instructivo. Implica, por el contrario, una asimilación activa de los conocimientos y una profundización continua en lo que se conoce. En otras palabras: consiste en saber (y no simplemente en tener noticia de algo), un saber que sirve para aprender a vivir.

Cultura es cultivo interior. Es el cultivo de las facultades superiores del hombre (entendimiento y voluntad) que da lugar al desarrollo de las virtudes intelectuales y morales. En otras palabras: es el cultivo de la dimensión espiritual de la persona a la que se ordena y supedita la actividad de las facultades inferiores: tendencias, instintos, apetitos...

La subcultura no posee ninguna de las características que se acaban de citar. No consiste en saber, porque no interesa la verdad de lo real, la verdad del ser, sino la verdad que se desea, que apetece o que conviene. No se buscan respuestas personales para los problemas radicales del hombre (como, por ejemplo, el de la muerte, en cuanto cuestiona el ansia de infinitud y eternidad) sino coartadas para eludir tales problemas. En este contexto hay que situar el consumismo

EL IMPACTO DE LA FALSA CULTURA

cultural difundido a través de muchos medios informativos. La cultura se convierte en un producto más de la sociedad de consumo.

La subcultura, en segundo lugar, no mueve al hombre a un «mejor vivir» sino a un «vivir mejor». Los subproductos de la cultura de consumo tienen la misma finalidad que los artefactos y cosas que crea esa sociedad de consumo: disfrutar, pasarlo bien, vivir más cómodamente.

En el mejor de los casos la cultura queda reducida a cultura técnica, preocupada solo del saber hacer. Se prescinde del saber para obrar bien, en función de normas éticas. Falta, igualmente, la actitud contemplativa. Queda, por tanto, un problema sin resolver: cómo integrar la cultura técnica dentro del mundo del espíritu, en la unidad del hombre.

Los rasgos propios de la subcultura que acabo de enumerar responden, todos ellos, a un problema de fondo: las facultades superiores del hombre (entendimiento y voluntad) se subordinan al dictado de los instintos, tendencias, apetencias y emociones. La búsqueda del placer sustituye al ideal. El resultado es cultura degradada, subcultura.

CAPÍTULO 5

GERARDO CASTILLO

Actualmente se está desarrollando una cultura adolescente en oposición a la cultura adulta. Es un desafío radical al mundo de los adultos. Detrás de esta contracultura no hay una filosofía sino, simplemente, una actitud existencial.

Tal cultura posee todas las características ya enumeradas de la subcultura. Ocurre así que la rebeldía frente a lo que los adolescentes ven como decadente o incoherente (la subcultura de los adultos) tiene como resultado otra forma de subcultura.

Los adolescentes suelen acertar en el «diagnóstico» de la cultura adulta, pero se equivocan en el «tratamiento». Denuncian las incoherencias de los mayores, pero ignoran sus propias incoherencias. Descubren fácilmente los problemas, pero no aportan soluciones.

Una muestra de esta actitud crítica de los adolescentes ante la conducta incoherente de los adultos lo tenemos en las siguientes palabras: «la generación "madura" no vive lo que enseña. Predica el idealismo y el altruismo, pero practica el egoísmo y el materialismo. La generación de mis padres es hipócrita. Y le voy a poner un ejemplo. Fíjese usted en el cacareo moral que se traen, especialmente en el aspecto sexual: hablan de una ética de responsabilidad, fidelidad y amor altruista, pero practican lo que reprochan a la juventud, ¿o es que acaso ellos no han practicado el control de la natalidad? ¿Cómo han conseguido solo la parejita?»[1].

Desarrollar la capacidad crítica de los hijos consiste en enseñarles a juzgar en función de criterios correctos. Ello implica, a su vez,

***enseñadles a informarse
y enseñadles a pensar.***

Es muy importante que los hijos aprendan a seleccionar sus fuentes de información, sin conformarse con las informaciones que encuentran de un modo casual. Para hacer una buena crítica, es preciso apoyarse en una información de calidad: completa, veraz, objetiva.

También es necesario que los hijos conviertan esa información en materia para la reflexión personal. De este modo no aceptarán indiscrimina-

---

[1] *¿Miedo a los padres? ¿Miedo de los hijos?* (Caso ICE, OF-674, Universidad de Navarra).

CAPÍTULO 5
GERARDO CASTILLO

damente lo que está de moda y no se dejarán influir por los tópicos. Los padres pueden estimular esta reflexión personal de los hijos con buenas preguntas, con preguntas que hagan pensar. Con adolescentes, esto suele ser más eficaz que darles respuestas (sobre todo si son respuestas acabadas o definitivas).

Veamos dos ejemplos de posibles preguntas a los hijos adolescentes a propósito de algunos tópicos que están en el ambiente social de hoy.

Tópico: «La vida es para disfrutarla. La felicidad consiste en saber encontrar los placeres (sensibles) de la vida».

Preguntas:

— ¿La felicidad del hombre está relacionada con la posesión de bienes fugaces, efímeros, que se dan solo «a ratos», o con bienes que permanecen, que no terminan?

— ¿La felicidad del hombre está en función del amor a sí mismo (entendido como satisfacer todas las apetencias) o con el amor a los demás? (... como ayuda y servicio para que las otras personas puedan crecer como tales).

Tópico: «La autoridad de los padres va contra la libertad de los hijos: Es una conducta represiva».

Preguntas:

— ¿Es fácil cumplir los propios deberes cada día como hijo, como estudiante, etc., sin buenos ejemplos, sin que nos lo pidan, exijan y recuerden?

— Hay hijos débiles de voluntad, sin capacidad para conseguir resultados con esfuerzo personal: ¿tiene esto alguna relación con padres que no exigen, que no ejercen la autoridad?

Algunas características de la subcultura adolescente

Quizá el rasgo más significativo de la actual cultura (contracultura) adolescente sea su oposición radical a la tradición, el *rechazo de la sociedad convencional*. El sistema de valores de muchos movimientos juveniles está contrapuesto dialécticamente a los valores de la sociedad adulta. He aquí algunos ejemplos:

Valor convencional	Valor anticonvencional
— opulento	— pobre
— sofisticado	— simple
— experimentado	— naif (ingenuo)
— adulto	— niño

CAPÍTULO 5
GERARDO CASTILLO

— trabajo — juego
— dolor — placer
— palabra — imagen
— poder — amor
— fuerza — flor
— ordenado — espontáneo
— razón — intuición, instinto

En esta contraposición de valores de la cultura adolescente existe una supremacía de las facultades no intelectuales o irracionales de la persona:

— del instinto sobre la razón;
— de la experiencia sobre el saber;
— de la imaginación sobre la lógica;
— del sentimiento sobre la inteligencia.

En íntima relación con estos rasgos existen otros:

El *rechazo de cualquier autoridad*. Se rechaza no solo la autoridad que se ejerce institucionalmente (en la familia, en la escuela, en la fábrica, etc.) sino también la de tipo cultural: «se niega la existencia de cualquier jerarquía de valores y la distinción entre alta cultura y cultura popular. Nada puede ser considerado "alto" o "bajo", y ni si-

EL IMPACTO DE LA FALSA CULTURA

quiera es admisible la diferenciación entre un habla correcta o incorrecta»[2].

Otro rasgo de la subcultura juvenil es el *«espontaneísmo»*.

También un rasgo importante es el de la *privatización*. Tras el desencanto sufrido en la militancia política radical, muchos adolescentes se refugian en un radicalismo cultural antiheroico, al margen de la acción organizada. Hay un rechazo de la experiencia pública y una búsqueda de la experiencia privada.

Otra particularidad de la contracultura adolescente es precisamente el *narcisismo*. Una de sus características es el interés por el autoexamen, por la introspección, por el análisis de la propia vida.

El autoanálisis ocasiona, a su vez, una preocupación obsesiva por la «realización personal». Estos adolescentes pretenden «realizarse» a través de tres vías:

— la autoexpresión estética e impulsiva (ajena a toda reflexión);
— la satisfacción inmediata de los deseos o necesidades;

---

[2] *Informe sociológico sobre la juventud española*, Fundación Santa María. Ediciones S. M., Madrid 1984, p. 193.

CAPÍTULO 5
GERARDO CASTILLO

— una actitud lúdica y hedonista.

Esta última actitud parte de considerar el juego y el placer como lo único importante; por tanto, no debe hacerse lo que no sirve para divertirse y disfrutar (por ejemplo, el trabajo). He aquí una muestra:

«En Nueva York la primera pregunta que se hacen dos que se encuentra es:

"¿qué es lo que haces?".

»Esta pregunta sería un insulto en la zona de San Francisco, donde nadie hace nada. La pregunta es en este caso:

"¿en qué rollo estás?",

y las respuestas son cosas como el yoga, baile moderno, hipnotismo o tallar madera»[3].

Todas estas características permiten concluir que la contracultura adolescente es una nueva utopía que surge en oposición a la utopía tecnológica. Para esta última la felicidad se logra por medio de la total programación de la vida humana. Los valores supremos son la eficacia y el rendimiento. Ello implica la represión de los impulsos más íntimos y vitales de la personalidad. En cam-

---
[3] *Ibíd.*, pp. 192 y 195.

bio, para la utopía narcisista el sueño dorado es la libertad sin límites.

Pero dado que esta «libertad» se entiende como la supremacía de los instintos más elementales y de las tendencias más egoístas del hombre sobre los ideales más generosos y nobles, queda claro que el rechazo del materialismo de la subcultura adulta no es más que una coartada para introducir una «nueva» forma de materialismo: la conducta animal.

Papel de los padres

Los padres no pueden desentenderse de las influencias culturales o subculturales que reciben los hijos dentro y fuera de la familia, a través de vehículos de información muy variados: televisión, cine, radio, prensa, revistas, libros de texto, libros de consulta, libros de lectura, amistades, diversiones, etcétera.

Los padres deben saber que la familia es el primer ámbito de promoción de cultura.

CAPÍTULO 5
GERARDO CASTILLO

Por ello, deben colaborar con el centro educativo para conseguir un objetivo fundamental: que los hijos sean personas cultas (y no simplemente personas instruidas).

Este objetivo general puede concretarse más:
— despertar el interés y la sensibilidad hacia la verdadera cultura;
— ayudar a encontrar el sentido de la cultura;
— estimular el amor a la verdad y el compromiso con la verdad;
— crear un clima de cultura en la familia con apoyos literarios y artísticos;
— ayudar a distinguir entre cultura y sucedáneos de la cultura.

Los padres deben estar atentos ante los instrumentos de cultura o de subcultura que llegan a sus hijos. Es preciso que los hijos no confundan la verdadera cultura con la «cultura» como producto de la sociedad de consumo o con la «cultura» como mensaje de las ideologías totalitarias.

Es importante elevar el nivel de aspiración cultural de los hijos. Que no se limiten a la cultura de televisión o de periódico.

Estos objetivos difícilmente se conseguirán sin el ejemplo de los padres. Los hijos necesitan ver el

EL IMPACTO DE LA FALSA CULTURA

esfuerzo habitual de sus padres por ser personas más cultas.

Para que los hijos se fíen más de sus padres que de posibles influencias subculturales del ambiente, los padres deben tener credibilidad (calidad de creíble). Los padres serán creíbles:
— si los valores por los que rigen su vida son verdaderos;
— si hay coherencia entre esos valores y la conducta diaria (valores vividos);
— si tienen prestigio ante sus hijos.

El prestigio se basa tanto en la forma de ser (personas optimistas, alegres, respetuosas, pacientes, etc.) como en la forma de actuar (en la familia, en el trabajo profesional, en las relaciones sociales).

Esta función de los padres puede concretarse en «Planes de Acción»:
a) Actividades relacionadas con el *control de influencias culturales o subculturales* que llegan a los hijos:
— examinar los *libros de texto, de consulta y de lectura* asignados a cada hijo en el centro educativo (con la ayuda de alguna persona con buen criterio, si es necesario);

— examinar *los programas de TV y revistas* que el hijo ve o lee por su cuenta.

Se trata de dictaminar si estas influencias son aceptables o no desde el punto de vista de la educación que se le quiere dar al hijo.

b) *Actividades de promoción de cultura en el ámbito de la familia*

— *presenciar juntos (padres e hijos) una película en televisión* con el propósito de comentar después varios aspectos de la misma. Por ejemplo:

— ¿Cuál es el tema de fondo de la película?;

— ¿cuál es el mensaje que se nos transmite?;

— ¿qué tipo de valores o contravalores se ven en cada uno de los personajes?;

— ¿qué es lo que permite aprender esta película?;

— ¿qué cuestiones poco tratadas o mal tratadas convendría comentar en un libro determinado?

— *Visitar juntos (padre e hijos) una librería* con el fin de elegir un buen libro sobre un determinado tema. Aprovechar esta actividad para sensibilizar a los hijos respecto a la existencia de buenos y malos libros (con res-

pecto tanto a criterios científicos y literarios como a criterios morales);
— promover con alguna frecuencia *lecturas dirigidas* en casa, con el fin de enseñar a leer a los hijos que ya leen. Posibles metas: que lean comprendiendo; que sepan descubrir las ideas principales de cada epígrafe; que sepan captar y expresar lo esencial de cada texto leído; que lean con capacidad crítica;
— promover, habitualmente, temas de *conversación* a nivel familiar y a nivel personal, sobre cuestiones de interés cultural. Por ejemplo, a partir de la lectura de un buen libro.

CAPÍTULO 6

EL OSCURECIMIENTO DE LOS IDEALES

El oscurecimiento de los ideales

1. La adolescencia y el descubrimiento de los valores

Los ideales nobles propios de la «persona joven» se despiertan en la fase del desarrollo evolutivo denominada «adolescencia media» (13 a 17 años) y crecen en la adolescencia superior o edad juvenil (17 a 21 años). Pero estos ideales no terminan necesariamente en esta etapa, sino que, por el contrario, pueden y deben incrementarse en edades posteriores[1].

---
[1] Cfr. PASCUA, M., *La juventud: una virtud sin edad* (ICE, OF-793, Universidad de Navarra).

CAPÍTULO 6

GERARDO CASTILLO

La «persona joven» tiene capacidad de asombrarse o admirarse ante los innumerables problemas y misterios que la vida nos presenta cada día.

¿Por qué «ser joven» es ser capaz de asombrarse? Porque «la persona que tiene capacidad de admirar y adorar, de percibir lo perpetuamente nuevo, es la persona que no está "gastada", que siempre puede "dar más de sí", es decir, la persona que es "nueva" o que es "joven"»[2].

La persona vieja es, por el contrario, la que pierde la capacidad de admirarse de lo que hay dentro y fuera de ella. En esa situación deja de captar lo nuevo y no puede dar más de sí.

La «persona joven» tiene inclinado el corazón hacia las cosas grandes: la verdad, la justicia, el amor, la libertad, la Patria, Dios... Esto significa *tener ideales* que atraen por su nobleza y belleza. Los ideales invitan a la persona a olvidarse de sí misma, a sacrificar algunos de sus deseos en beneficio de otras personas.

Algunos adolescentes de hoy confunden los «ideales» con los «objetivos».

Un adolescente que se ha propuesto hacer una

---

[2] CHOZA, J., *La superación del pudor y otros ensayos*, o. c., p. 55.

carrera, obtener buenas calificaciones y encontrar un buen puesto de trabajo tiene tres objetivos muy encomiables, pero no puede decir que tenga tres ideales.

Detrás de un objetivo puede haber motivos elevados (servir a los demás, servir a Dios...) o motivos pobres (satisfacer deseos y apetencias personales, conseguir el éxito o el poder, etc.).

Un objetivo será más valioso si es visto por la persona como un instrumento para conseguir algo que está más allá (un valor noble, un ideal elevado). No basta el resultado por el resultado. Es preciso esforzarse en función de valores.

Los objetivos buscan resultados que se pueden conseguir o conquistar totalmente en un tiempo limitado.

Los ideales contienen valores que nunca se logran de un modo pleno, esto hace que los ideales tengan una vigencia permanente en la vida humana.

CAPÍTULO 6

GERARDO CASTILLO

Las personas auténticamente jóvenes no se conforman con tener objetivos. Necesitan valores que den sentido a su vida:

— «Ser joven significa ser capaz de apreciar la sinceridad; significa buscar el camino de una vida digna y noble.

— Ser joven es sentirse atraído por la verdad, la justicia, la libertad, la paz, la belleza y la bondad.

— Ser joven significa tener ganas de vivir, vivir con alegría, con sentido: vivir una vida digna de ser vivida.

— Ser joven significa estar lleno de ideales y esperanzas»[3].

*Ser joven
es vivir de ideales,
crecer en valores.*

*Los valores
se concretan
y expresan por medio
de las virtudes.*

---

[3] *Juan Pablo II a los jóvenes*, o. c., p. 36.

La virtud es la fuerza que hace al hombre —virtud procede del latín «vir», que significa varón y fuerza. Luego para ser hombre, para ser fuerte, hay que ser virtuoso).

A la persona verdaderamente joven le basta ser lo que es –ser fiel a sí misma, a sus ideales–. Pero esta fidelidad supone lucha personal. La lucha es especialmente necesaria en la época de la «primera juventud» (adolescencia), porque es la «edad de los contrastes».

2. Adolescentes sin valores

El entendimiento entre la generación adulta y la generación adolescente nunca ha sido fácil. Siempre ha existido una distancia que separa a ambas generaciones. Pero esta distancia es hoy mayor que antes.

Los adolescentes de hoy tienen una forma de pensar y de vivir que no se asemeja en casi nada a la forma de pensar y de vivir de los adolescentes de hace tan solo veinte o treinta años. Ello se debe, sin duda, a que los adolescentes han sido más receptivos que los adultos a los cambios sociales.

El problema no consiste solo ni principalmente en que los adolescentes de hoy sean muy diferentes de los adolescentes que fuimos nosotros. El problema más importante es que muchos de estos adolescentes han tomado de la sociedad lo menos valioso de ella. La sociedad de consumo y del bienestar ha estimulado (con la complicidad de muchos padres) la vida fácil de los adolescentes. Se han acostumbrado a conseguir todo tipo de cosas sin ningún esfuerzo.

¿Qué se puede esperar de una generación que no ha sentido la necesidad de esforzarse para conseguir lo que quiere?

He aquí una respuesta: «la privación del esfuerzo se paga a un precio mayor que el de la sangre: consiste en la deformación de la propia personalidad, cuando no en la aniquilación de la misma»[4].

El hombre de la sociedad del confort y de la sociedad permisiva tiende a la conducta puramente espontánea, es decir, a la conducta que no requiere reflexión, cálculo, método, esfuerzo, disciplina, orden...

Hoy no se habla de «formación», sino de «realización» personal.

---

[4] LÓPEZ IBOR, J. J., *Alienación y nenúfares amarillos*. DOPESA, Barcelona 1976, p. 91.

EL OSCURECIMIENTO DE LOS IDEALES

Y para «realizarse» hay que liberarse de todo lo que cuesta, de todo lo que contraríe el «pasarlo bien», el disfrutar de la vida sin pagar ningún precio.

¿Qué espacio se está dejando para educar la voluntad?

¿Qué oportunidades existen para desarrollar virtudes como la fortaleza, la reciedumbre y la sobriedad?

Hay muchos síntomas que muestran que los adolescentes de hoy (al menos un gran sector de ellos) no son personas verdaderamente jóvenes.

La mayoría de los drogadictos de hoy son adolescentes. Y el motivo que lleva a la droga es, en muchos casos, el vacío interior. Por eso cada vez hay más adolescentes que acuden a la consulta de los psiquiatras.

He aquí la experiencia de uno de estos profesionales: «los adolescentes muestran sentimientos de ansiedad, de culpabilidad, de tristeza, de nihilismo, de falta de sentido de su vida, etc. A veces acaban fatalmente, llegando en casos extremos al suicidio»[5].

---
[5] *Ibíd.*, p. 84.

CAPÍTULO 6
GERARDO CASTILLO

La proliferación de adolescentes «pasotas» es otro síntoma.

3. La recuperación de los valores

Hoy es urgente recuperar el verdadero significado del valor «ser joven». Para ello hay que desarrollar la capacidad crítica de los adolescentes frente a quienes quieren utilizarlos con *fines económicos o ideológicos*.

Hay que ayudarles a descubrir que:

> **Solamente la verdad les hará libres.**

Deben aprender a desmitificar los tópicos de la falsa «liberación», que solo conduce a la conducta caprichosa e instintiva.

Los adolescentes deben saber a tiempo que la sociedad de hoy les ofrece el confort como un medio para defenderse de ellos: cuando queden prisioneros de las cosas, dejarán de hablar de libertad y de cambiar el mundo.

Los adolescentes de hoy deben saber lo que es ser una persona joven:

EL OSCURECIMIENTO

— «no es pasivismo e indolencia, sino tenaz por alcanzar metas sublimes, cueste;

— no es evasión o indiferentismo, sino compromiso solidario con todos, especialmente con los más necesitados;

— no es búsqueda del placer egoísta, sino impulso incesante de apertura y voluntad de servicio»[6].

Frente al culto del antihéroe, o héroe del mal, hay que enseñar a los jóvenes de hoy el amor a los héroes y a los santos. Hay que ayudarles a descubrir que los ideales elevados que en principio les atraen están encarnados de modo sublime en la vida de Cristo: la fraternidad, la autenticidad, el servicio, la libertad.

¿Cómo lograr en la práctica que los hijos adolescentes tengan ideales y vivan en función de ideales? He aquí algunos posibles «Planes de Acción»:

1. Enlazar sus protestas y rebeldías habituales (en función de sus derechos y, a veces, de sus caprichos) con el tema de los valores verdaderos (en función de los propios deberes y del servicio

---

[6] *Juan Pablo II a los jóvenes,* o. c., p. 37.

a los demás). Por ejemplo (con respecto al valor «trabajo»):

—Tengo derecho a estudiar.

—De acuerdo, pero ¿no tendrás también el deber de estudiar? ¿No tendrás la responsabilidad de ayudar a otras personas con lo que aprendes?

Otro ejemplo (con respecto al valor «amistad»):

—Tengo derecho a estar con mis amigos.

—De acuerdo, pero ¿no tendrás también el deber de ser buen amigo?, ¿no tendrás el deber de dar buenos ejemplos a tus amigos, como buen hijo, buen estudiante, buen cristiano...?

2. Ayudarles a esclarecer el significado de los valores: libertad, amor, amistad, verdad, sinceridad, bien común...

Ayudarles a detectar posibles reducciones en el planteamiento de cada valor a través de preguntas:

—¿Libertad igual a independencia?

—¿Verdad igual o verdad útil, verdad placentera, mi verdad?

—¿Sinceridad igual a impudor?

—¿Bien común igual a interés de cada individuo?

—¿Amor igual a posesión del otro para el propio placer?

3. Ayudarles a establecer una correcta jerarqui-

zación de valores. En ella deben estar en primer lugar los valores religiosos y morales.

4. Favorecer el contacto de los adolescentes con la naturaleza, con las mejores obras del hombre, con los mejores hombres y con Dios[7].

Ello se puede concretar en:
— excursiones al campo;
— montañismo;
— visitas de tipo cultural (museos, monumentos, etc.);
— lectura de buenas biografías;
— entrevistas con personas interesantes;
— vida de oración, etc.

5. Canalizar la rebeldía típica de los adolescentes con la participación en movimientos que defiendan valores verdaderos no respetados en la sociedad actual. Por ejemplo, el movimiento «Jóvenes pro vida», que defiende la vida humana desde el momento de la concepción.

6. Embarcar a los adolescentes en proyectos de tipo cultural y profesional relacionados con la propia vocación humana. Por ejemplo, entrevistas a los mejores profesionales del trabajo elegido.

---
[7] *Ibíd.*, pp. 398-400.

CAPÍTULO 7
EL CONFORMISMO COMO FORMA DE VIDA

El conformismo como forma de vida

1. Adolescentes «pasotas»

Pasota es el que «pasa de todo», el que decide no preocuparse por ningún problema y vivir al margen de lo que ocurre fuera de sí mismo. Es una postura deliberada y permanente de automarginación.

Al pasota (al menos aparentemente) no le importa nada; todo le da igual. No se apunta a nada ni se compromete con nadie. Evita cualquier compromiso y responsabilidad. No está dispuesto a vivir con esfuerzo.

El pasotismo es una evasión de la realidad en la que se vive. Es la pretensión de vivir cómoda-

CAPÍTULO 7

GERARDO CASTILLO

mente, sin problemas, en un mundo separado y fabricado a la medida de los propios deseos y apetencias.

Es también una evasión de la propia realidad, del vivir como persona, en cuanto se renuncia a la vida como proyecto, para limitarla a lo inmediato y a lo descomprometido.

El pasota es indiferente hacia el pasado y hacia el futuro. No manda en el tiempo ni actúa en función del tiempo: se limita a pasar con el tiempo.

El pasota deja de actuar de modo personal. No solo faltan proyectos en su vida; faltan también elecciones, toma de decisiones, aportaciones personales. La evasión llega a ser, en ciertos casos, una escapatoria del propio existir por el camino de la droga y del suicidio.

En el pasotismo se observa pasividad: no actuar, inhibirse, permanecer indiferente, no pensar.

Es un pasivismo resignado y acrítico.

Es «tirar la toalla» antes de luchar, admitir estar derrotado sin plantear ninguna batalla, sin rebelarse.

El pasota no protesta ni se enfada. No aspira a cambiar lo que le desagrada. Simplemente procura no verse afectado por ello, poder hacer su vida: una vida fácil, sin preocupaciones, sin tener que responder ante nadie, sin esfuerzo. El pasota carece de mensaje ideológico porque quiere la vida en sí misma, sin planteamientos abstractos que la perturban inútilmente.

La indolencia e indiferencia habitual del pasota está en las antípodas de la rebeldía. Pero, sin embargo, expresa disgusto hacia el mundo en el que vive, a través de una actitud desdeñosa, altanera, desenfadada, cínica.

Este disgusto no es señal de protesta ni de denuncia; se trata solamente de la expresión de un problema interior. Un problema de:

— miedo;
— desconfianza;
— duda;
— inseguridad;
— escepticismo;
— soledad;
— desengaño;
— desilusión;
— cobardía;
— insatisfacción consigo mismo...

En la psicología del pasota típico suelen apreciarse los mismos síntomas que en las personas

CAPÍTULO 7
GERARDO CASTILLO

depresivas: ansiedad, tristeza, miedo a actuar, etc. Es una depresión mimética.

El pasota sufre, inicialmente, por incapacidad para afrontar los problemas de su vida. Le faltan recursos y entrenamiento para resolverlos. Pero sufre también, más adelante, en el intento imposible de vivir sin problemas, de vivir en un mundo artificial, no existente. Quiere vivir sin vivir. Esta es quizá su mayor contradicción y su auténtica tragedia.

Convendría aquí distinguir dos tipos de pasotas:

Uno es el que decide cortar con el mundo exterior, debido a alguna experiencia desagradable. Por ejemplo, fracaso en los estudios, falta de trabajo, desengaños o decepciones en su vida familiar, en sus relaciones de amistad o de amor, en sus convicciones políticas. La falta de madurez para afrontar este tipo de situaciones le lleva a evadirse de la realidad.

El segundo tipo de pasota es el que, de entrada, adopta esta postura simplemente porque es muy cómoda o porque está de moda. Entiendo que el juicio y el tratamiento del problema debe ser muy diferente en uno y otro caso.

Los adolescentes de épocas anteriores también tenían problemas e incapacidad para resolverlos.

EL CONFORMISMO COMO FORMA DE VIDA

También se sentían condicionados por ciertos rasgos típicos de la etapa adolescente: inseguridad, impaciencia, pereza, inconstancia, falta de voluntad... Y, sin embargo, no incurrían –salvo en casos muy aislados– en conductas pasotas. La impotencia ante las dificultades les hacía retroceder y encerrarse dentro de sí mismos, pero solamente como una reacción coyuntural.

No adoptaban la postura permanente de automarginación, indiferencia, evasión de la realidad.

Más tarde o más temprano se rebelaban, protestaban y elaboraban proyectos personales de vida. ¿Por qué entonces tantos adolescentes de hoy son pasotas?

2. Cómo surge el pasotismo

Entiendo que la causa fundamental de este cambio de los adolescentes es el cambio de ambiente familiar y social.

La adolescencia es, en principio al menos, la edad de los grandes ideales. Los adolescentes quieren hacer algo grande y noble por sí mismos, quieren realizar aquello a lo que interiormente se sienten llamados.

CAPÍTULO 7
GERARDO CASTILLO

Cuando encuentran un clima favorable para ser ellos mismos, para vivir de acuerdo con sus ideales, acaban siendo personas centradas y seguras.

En cambio, cuando el clima es desfavorable pueden sentirse contrariados en lo más profundo de sí mismos y pueden perder el sentido y el rumbo de su vida.

Muchos adolescentes de hoy no encuentran lo que encontraban los adolescentes de épocas anteriores: puntos de referencia para confirmar sus ideales; cauces y modelos para poder desarrollarlos y concretarlos.

Observan, por ejemplo, que los valores preferidos hoy por muchos adultos (incluyendo quizá a sus propios padres) son el éxito, el rendimiento, el poder del dinero, el bienestar. Los nuevos «ideales» de los adultos se reducen, en muchos casos, a una vida aburguesada.

Los adultos que viven solamente para ganar y gastar dinero (despreocupándose de la educación de los hijos o de sus deberes como ciudadanos) son un modelo de pasotismo para los jóvenes de hoy.

Ante ello los jóvenes tiene dos opciones:

EL CONFORMISMO COMO FORMA DE VIDA

— Una de ellas es adoptar el modo de vida adulto (que equivale a no afrontar los problemas fundamentales de la propia vida);

— la otra opción es intentar concretar los ideales prescindiendo de la ayuda de la familia y de la escuela.

En este segundo caso suelen sucumbir ante la fascinación de las ideologías totalitarias.

Hace algunos años muchos adolescentes decepcionados por los pseudovalores de la sociedad supertecnificada y de consumo, aceptaron en su día el ideario marxista como un cauce para sus ideales. Pero la decadencia de las ideologías de izquierdas y la pérdida de la fe en los partidos políticos, dio lugar a una situación nueva:

— A los jóvenes ya no les interesa la política.

Los sucesos de mayo de 1968 en Francia marcaron el fin del idealismo revolucionario de los jóvenes. A partir de ese momento ya no tenían nada en qué creer, todo les daba igual... Se habían creado las condiciones para el modo de vida pasota.

Así se explica que tantos adolescentes hayan pasado de posturas de vanguardia política a la retaguardia y a la automarginación. En los años sesenta organizaban algaradas en la universidad

CAPÍTULO 7

GERARDO CASTILLO

para cambiar de sociedad. Hoy se limitan a evadirse con la música «rock».

¿Por qué los adolescentes de hoy no se sienten atraídos por la militancia política? Porque han descubierto que la mayoría de los partidos políticos son un conglomerado de intereses particulares. No están movidos por ideales, sino por intereses. En consecuencia, muchas veces sus planteamientos teóricos, su ideología, es un engaño.

La proliferación de adolescentes pasotas en la época actual está también estrechamente relacionada con los hábitos adquiridos desde la infancia en la sociedad del bienestar, en la sociedad consumista y hedonista. ¿Qué ocurrirá más adelante con los niños que tienen todos los deseos satisfechos, con quienes han conseguido cosas y más cosas sin ningún esfuerzo? Ocurrirá –está ocurriendo– que no están preparados para asumir la menor contrariedad, para renunciar a ningún capricho.

Cualquier tipo de dificultad produce en ellos frustraciones que no pueden superar.

No están capacitados –en definitiva– para afrontar y resolver los problemas corrientes de la vida.

He aquí algunas causas del pasotismo en opinión de adolescentes con edades comprendidas entre los 18 y 21 años[1]:

Pregunta: ¿Qué causas puede tener el pasotismo? Algunas respuestas:

— Quizá sea una cobardía, porque en lugar de solucionar los problemas se opta por evadirse de ellos;
— estar insatisfecho de sí mismo, tener muchos problemas y huir de ellos por cobardía;
— liberarse de todos los problemas;
— despreocuparse de los problemas que se puedan tener y hacer lo que a uno le dé la gana;
— son personas inactivas que se dedican a una vida fácil;
— es gente harta de vivir y que no sabe qué hacer. Se desligan de todos los problemas que se les pueden plantear;
— quitarse problemas de encima, despreocuparse.

Una observación: la crítica del pasotismo debe entenderse también como la crítica al modo de vida de la actual sociedad adulta.

---

[1] Encuesta publicada en «Diario de Navarra» (2-II-1980).

CAPÍTULO 7
GERARDO CASTILLO

Los pasotas son un subproducto de la sociedad consumista o permisiva.

Si hay muchos jóvenes pasotas es, fundamentalmente, porque hay también muchos adultos pasotas. Por eso la reforma o reeducación de los jóvenes pasotas debe empezar por la reforma de una sociedad adolescente y pasota.

3. Los remedios para el pasotismo

CÓMO PREVENIR EL PASOTISMO ANTES DE LA ADOLESCENCIA. ENTRE LOS 7 Y LOS 12 AÑOS

1.– Informa a tu hijo acerca de alguna capacidad o habilidad especial que posea, y de la que no sea consciente. Anímale a cultivarla. Por ejemplo:
   — capacidad para escribir;
   — para dibujar;
   — para los trabajos manuales;
   — para la música;
   — para el deporte...

   Así tendrá confianza en sí mismo e ilusión por hacer algo en la vida.

2.– Apela a su esfuerzo personal para conseguir cada cosa que quiere. Evita allanarle totalmente el camino o resolverle los problemas. Que se gane lo que desee conseguir. Que afronte por sí mismo las dificultades propias de su edad.

3.- Dale oportunidades para que aprenda a tomar decisiones por sí mismo. Enséñale a decidir, invitándole a pensar y a informarse antes de la decisión. Exígele que se responsabilice de las consecuencias de cada decisión.

4.- Enséñale a hacer del estudio un trabajo bien hecho: con orden, método, acabado, bien presentado, etcétera.

5.- Hazle ver que dentro de la familia, además de derechos tiene deberes. Ayúdale a concretar estos deberes. Por ejemplo, por medio de encargos.

6.- Fomenta en tu hijo estas virtudes humanas: alegría, generosidad, laboriosidad, perseverancia, fortaleza.

Fomenta especialmente la generosidad, base de la verdadera alegría.

CAPÍTULO 7

GERARDO CASTILLO

CÓMO SUPERAR EL PASOTISMO (EN LA ADOLESCENCIA)

1.– Ayuda a tu hijo a desmitificar las posturas pasotas a través de preguntas que le hagan pensar y ver el tema con capacidad crítica.
2.– Ayúdale a descubrir valores verdaderos o ideales nobles que dan sentido a la vida:
   — el amor generoso y comprometido;
   — la amistad desinteresada; la libertad responsable...
3.– Ayúdale a conocer la «riqueza interior» que encierra la juventud. Que descubra que ser auténticamente joven es:
   — ser rebelde;
   — tener esperanza;
   — hacer proyectos;
   — seguir aprendiendo;
   — dar más de sí;
   — correr riesgos necesarios;
   — ser generoso;
   — comprometerse con lo que vale la pena...
4.– Ayúdale a descubrir la auténtica amistad. Que sepa elegir a los amigos y ser buen amigo. Ello implica el desarrollo de virtudes humanas como la comprensión, la generosidad y la lealtad.

5.– Procura que reciba buenos ejemplos en casa y fuera de ella. Le perjudican los padres, profesores y amigos pasotas. Necesita testimonios opuestos.

6.– Enséñale a usar el tiempo libre de forma inteligente y responsable. Que no convierta el ocio en ociosidad, en evasión, en un espacio de vida permisiva.

7.– Oriéntale en sus lecturas. Que lea solo lo que vale la pena. Fomenta en él la lectura de biografías interesantes, referidas a personajes con un estilo de vida opuesto al modelo pasota: grandes exploradores, investigadores, deportistas, héroes, santos...

8.– Procura que reciba una buena orientación profesional que le centre en una actividad relacionada con sus mejores capacidades e inclinaciones.

Te insisto:

Enséñales a usar el tiempo libre de forma inteligente y responsable.

Las diversiones como «escape»

1. Sentido de la diversión

La palabra *diversión* procede del verbo latino *divertere*, que significa apartar, desviar, separar, alejar. Divertirse es apartarse, olvidarse durante cierto tiempo de las preocupaciones y fatigas que origina la vida diaria.

Todas las personas necesitamos, de cuando en cuando, alguna diversión, pues, de otro modo, las energías que se necesitan para el trabajo quedarían pronto agotadas.

La diversión responde, por tanto, a una necesidad natural. Además de descanso, proporciona recreo, solaz, entretenimiento. Ayuda a que el tiem-

CAPÍTULO 8
GERARDO CASTILLO

po libre sea agradable. La diversión es así una de las actividades propias del tiempo de ocio.

Aun siendo una tendencia natural, ¿las diversiones beneficien siempre a la persona? Parece que no. Cuando esta tendencia natural se desarrolla de forma totalmente espontánea, sin atenerse a ningún principio o norma, puede verse afectada por varios inconvenientes que señala Santo Tomás.

— El primero de tales inconvenientes es recrearse en cosas torpes o nocivas, para sí mismo o para los demás.
— El segundo consiste en perder del todo la seriedad del alma, que es propia del hombre.
— El tercer inconveniente o riesgo es el de hacer algo que desdiga de la persona, lugar, tiempo y otras circunstancias semejantes.

Para regular la necesidad natural de divertirse existe una virtud cristiana que se denomina *eutrapelia*. Santo Tomás explica que contra esta virtud hay dos vicios opuestos. Uno de ellos es por exceso:

— la *necia alegría*, de entregarse sin control de la razón a toda clase de diversiones ilícitas;

el otro es por defecto:

— la *austeridad excesiva,* que prescinde incluso de la diversión honesta.

De acuerdo con estos principios, la moral cristiana no acepta tres formas de diversión:

En primer lugar, las que excitan las bajas pasiones.

En segundo lugar, las que no siendo malas en sí mismas, acaban convirtiéndose en fin de la propia vida.

En tercer lugar, las que desdicen de una determinada persona, lugar o tiempo.

2. Un riesgo: la diversión reducida a evasión

Acabo de aludir a un riesgo de la diversión: convertirse en un fin en sí misma. Ello supone olvidar que la diversión es tan solo un medio para conseguir otras cosas que están más allá de ella.

Cuando la diversión pasa de medio a fin, adquiere el carácter de simple evasión, es decir, de fuga o huida de la realidad exterior o interior del hombre.

¿Se puede objetar que el significado etimológico de la palabra diversión (apartarse, olvidarse de las

CAPÍTULO 8
GERARDO CASTILLO

preocupaciones habituales) está en la misma línea que el de la evasión?

¿Se puede añadir que todas las personas tenemos la necesidad de evadirnos de las tareas rutinarias de cada día; que todos buscamos un cambio de dirección y de ritmo en lo que hacemos?

Creo que para aclarar esta cuestión es preciso distinguir entre la diversión como *cambio* temporal de actividad para lograr mejor algún propósito (reponer fuerzas, desarrollar la creatividad, convivir, etc.) y la diversión como *escape*.

En el primer caso, la diversión, está al servicio del desarrollo personal.

En el segundo dificulta ese desarrollo.

Para muchos adolescentes de hoy, ir al cine o escuchar discos, es tan solo un vertedero en el que se arrojan sus insatisfacciones o frustraciones. La película o la canción es así una compensación de lo que les niega la vida. Es una forma simplista de llenar el vacío existencial.

La diversión como escape es entonces el mecanismo de defensa de una personalidad débil o inmadura. En estas condiciones, se desaprovecha una de las principales posibilidades del tiempo de ocio: la contemplación.

LAS DIVERSIONES COMO «ESCAPE»

La actitud contemplativa consiste en examinar atentamente el bien que se ama o el bien que puede llegar a ser amado.

Cuando la diversión se plantea como escape, el hombre se despersonaliza: pierde la capacidad para encontrarse a sí mismo, para centrarse en su vida interior.

La actitud de escape evita las situaciones de silencio y de soledad necesarias para el diálogo consigo mismo y con Dios. La búsqueda de experiencias emocionales sin control y sin medida supone vivir en la superficialidad.

Esta forma equivocada de entender la diversión hace a muchas personas dependientes de sus vehículos de evasión.

Hay personas que no pueden vivir (trabajar, convivir, etc.) sin el ruido, la prisa o la dispersión. De esta forma dejan de regir su vida por motivos profundos, para dejarse llevar por motivos superficiales.

Este planteamiento tiene un nombre: frivolidad.

La persona que vive la diversión como escape adopta una actitud meramente receptiva, pasiva, ante las influencias del ambiente.

CAPÍTULO 8
GERARDO CASTILLO

Muchos adolescentes de hoy, por ejemplo, aceptan sin ninguna crítica la letra pornográfica de ciertas canciones, porque están «distraídos» por su envoltura musical o por su ritmo. Pero este «mensaje» recibido de modo poco consciente acaba afectando negativamente (antes o después) a la propia actitud ante la vida.

3. Cómo se divierten los adolescentes de hoy

No es necesario hacer muchas encuestas para comprobar que un sector muy amplio de los adolescentes de hoy usa el tiempo libre con mal criterio. Basta visitar los bares y discotecas de cualquier localidad durante el fin de semana.

Para muchos adolescentes ocio equivale a ociosidad. Entienden el tiempo libre como un tiempo destinado a no hacer nada o a hacer algo sin ningún propósito y sin ninguna exigencia.

Para otros, es libre el tiempo en el que uno hace solo lo que apetece y sin ningún esfuerzo personal.

Se observa, por ejemplo, que bastantes adolescentes dedican todo su tiempo libre (o la mayor parte de él) a la diversión, con olvido de otras posibilidades, como:

— La lectura;

LAS DIVERSIONES COMO «ESCAPE»

— el deporte;
— el cultivo de algún «hobby»;
— la conversación con auténticos amigos.

Hay, además, una adaptación pasiva a diversiones que les vienen dadas, con falta de imaginación para divertirse por su propia cuenta. Esto ocurre con quienes se limitan a los bares, discotecas, cine y televisión.

Hay que añadir que, en bastantes casos, los adolescentes eligen películas de cine o programas de televisión sin ninguna reflexión o con criterios poco válidos.

Por ejemplo, no es frecuente que se informen previamente de la calidad técnica o artística de un espectáculo. Tampoco suelen tener en cuenta la calificación moral del mismo.

¿No estarán entendiendo estos jóvenes la diversión como «necia alegría», es decir, como algo sin control de la razón?

¿No estarán convirtiendo la diversión en un fin?

¿No se estarán fugando, a través de la diversión, de algo más que de la obligación de trabajar?

Muchos adolescentes «progres» de hoy viven de acuerdo con este lema: «quiero ser una persona liberada». Estar liberado es actuar, en todos los

CAPÍTULO 8

GERARDO CASTILLO

ámbitos de la vida, con total espontaneidad, sin la «limitación» de regir la conducta con normas y deberes.

Esto equivale a hacer solo lo que apetece, evitando lo que requiere esfuerzo y sacrificio personal. Para ellos el trabajo y el amor son un juego (y, además, sin ninguna regla). Son adolescentes que presumen de vivir «sin prejuicios». Pero es necesario aclarar que llaman prejuicios a los principios y normas morales.

Para estos adolescentes la mejor situación para «liberarse» es, indudablemente, la diversión.

Se comprende así que la entiendan como escape y que incurran en diversiones ilícitas. Pero con este planteamiento ni se hacen más libres, ni se divierten de verdad.

Quieren liberarse, entre otras cosas, de una existencia sin sentido, aburrida; pero la diversión mal entendida es fuente de aburrimiento, en cuanto carece de novedad, en cuanto no aporta nada interesante para la vida personal.

4. Algunas orientaciones para los padres

— Lo primero que debe preocupar a los padres en este tema es su propio ejemplo:

LAS DIVERSIONES COMO «ESCAPE»

— Que los hijos vean que sus padres no emplean todo su tiempo libre en la diversión;
— que vean también que para los padres la diversión no es un escape;
— que observen cómo los padres eligen las diversiones con buen criterio, evitando las que causan un perjuicio desde el punto de vista moral.

Hay que dar ejemplo a los hijos de cómo divertirse de forma sana y con poco o ningún dinero (aunque sin pretender que los jóvenes elijan el mismo tipo de diversión que los adultos).

— En segundo lugar, los padres deben estar informados acerca de cómo, dónde y con quién se divierten sus hijos. Esta información en unos casos se podrá obtener a través del hijo; en otros a través de otras personas o por observación directa de los padres. Conviene no caer en la ingenuidad de creer que los hijos no necesitan orientación y control en este tema.

La labor educativa de los padres en esta cuestión no se reduce a poner «diques» ante los posibles excesos (limitar las salidas de casa; reducir el tiempo de cada salida; controlar el uso del dinero, etcétera). Estas medidas son necesarias, pero:

CAPÍTULO 8
GERARDO CASTILLO

— ¿Pueden crear, por sí mismas, una actitud positiva de los hijos en torno a las diversiones?

— ¿Servirán para que el ocio sea visto por los hijos como una oportunidad para el desarrollo de la personalidad?

— ¿Bastarán para evitar que los hijos consideren el tiempo libre como una situación sin exigencias?

Para lograr estos objetivos se requieren muchas horas de conversación amigable entre padres e hijos.

Las convicciones
y actitudes personales
no se desarrollan
bajo presiones y prohibiciones,
sino, por el contrario,
en un clima de libertad
y de cariño.

Estas conversaciones suponen saber escuchar a los hijos y esforzarse por comprender su punto de vista, aun cuando no siempre se comparta.

Pero para desarrollar el buen criterio de los hijos acerca de las diversiones, no basta con hablar de este tema. La forma de divertirse suele reflejar una forma de entender la vida. Por ello, los padres deben plantear preguntas y suscitar temas de conversación relacionados con los valores, con el sentido de la vida.

Hay que hablar con los hijos del sentido del ocio, pero también de cómo utilizar el tiempo de ocio en cada caso concreto. Ante el riesgo de que abusen de la televisión y de las diversiones comercializadas (bares, discotecas, etc.) convendrá sugerirles otras formas de divertirse y facilitarles que las puedan llevar a cabo.

Hay muchas formas de divertirse bien (de una forma sana). Y es bueno que los padres las conozcan con el fin de sugerírselas a los hijos. Por ejemplo:

— Reunirse con los amigos en casa de alguno de ellos para oír música, conversar, jugar a alguna cosa.

— Hacer salidas al campo o al monte; organizar pequeñas excursiones a alguna localidad próxima.

— Organizar una salida en bicicleta.

¿Cómo convencer a los hijos para que se diviertan de este modo?

— Procurando que estén habitualmente «cortos

CAPÍTULO 8

GERARDO CASTILLO

de dinero». Cuando disponen de poco dinero tienen que pensar, hacer trabajar la imaginación, para ser capaces de divertirse sin dinero. En cambio, si tienen más dinero del que les conviene existe mayor riesgo de que se limiten a las diversiones comercializadas.

— Dándoles ejemplo, los padres, de divertirse de ese modo. Si, por el contrario, los padres se divierten exclusivamente viendo televisión o acudiendo a una sala de juego (un «bingo» por ejemplo) será muy difícil estimular otro tipo de conductas en los hijos.

— Fomentando esas actividades dentro de la vida familiar y desde las primeras edades.

— Explicando a los adolescentes que este tipo de diversiones tienen poco riesgo de ocasionar aburrimiento (a diferencia de lo que suele ocurrir con las diversiones comercializadas).

Y para que todo esto sea más fácil.

Padres:
hablad mucho
con vuestros hijos.

Pensad
y discurrid juntos.

5. Preguntas y respuestas

P.– ¿Por qué influyen tanto las ideologías falsas en muchos adolescentes de hoy?

R.– Por motivos muy diferentes que se refuerzan entre sí.

Porque sus promotores son muy activos. Con frecuencia son más laboriosos que los educadores. En muchas familias y escuelas los adolescentes quedan con «lagunas» en la formación cultural y en el desarrollo de valores. Detrás de estas lagunas hay insatisfacciones (inquietudes buenas no atendidas) que son el terreno abonado para la acción de las falsas ideologías que aspiran así a llenar vacíos de valores.

Por el conocido fenómeno de la ideologización de la cultura y de la educación (como se ve, por ejemplo, en muchos libros de texto y de consulta que circulan en las escuelas).

Porque los principios de algunas ideologías van «a favor de corriente»; enlazan con la «vida fácil» de muchos ambientes y con la concupiscencia que existe en todos los seres humanos. Son «coartadas» para la vida permisiva.

Porque estas ideologías se disfrazan de auténticas rebeldías; porque se presentan como «redentoras» del hombre y de la sociedad.

CAPÍTULO 8
GERARDO CASTILLO

Porque lanzan a los jóvenes a la acción y le dan a esta acción carácter de «epopeya».

Porque son una forma de canalizar y dar salida a muchas frustraciones de la etapa adolescente.

Porque muchos adolescentes confunden, ingenuamente, sus ideales nobles con el mensaje de dichas ideologías. Carecen de la capacidad crítica necesaria para distinguir entre verdaderos y falsos valores, entre verdades completas y verdades reducidas o medias verdades.

P.– ¿Por qué hay actualmente tantos adolescentes pasotas?

R.– Entre otras razones, porque también hay muchos adultos pasotas. Los adolescentes ven que bastantes personas mayores están preocupadas única o principalmente por disfrutar de la vida, por encontrar placer sensible en todo lo que hacen. Están obsesionados por tener cada vez más cosas, por alcanzar un mayor «confort». Otros persiguen desaforadamente el éxito, el dinero y el poder.

Estas personas «pasan» de todo lo que pueda complicarles la vida «muelle» que llevan. Carecen de inquietudes de tipo espiritual. Han optado por el «vivir mejor» (bienestar material), en vez de por el «mejor vivir» (el obrar bien, de acuerdo con normas morales).

P.– ¿Qué diferencia existe entre manipulación y educación?

R.– Existen varias diferencias.

La manipulación se apoya en la ambigüedad y fomenta la incongruencia.

La educación se apoya en la claridad de ideas y fomenta conductas congruentes.

La manipulación busca la complicidad de los «punto débiles» del educando.

La educación se apoya en sus «puntos fuertes», en sus posibilidades.

La manipulación promueve comportamientos humanos pobres, masificados, dependientes, egoístas, con decisiones de escasa calidad.

La educación, en cambio, promueve conductas autónomas y responsables a partir de verdaderas decisiones.

La manipulación es una tiranía solapada que instrumentaliza a la persona.

La educación es, por el contrario, un servicio para la mejora de la persona respetando su modo de ser.

CAPÍTULO 8
GERARDO CASTILLO

La manipulación produce un reduccionismo del ser humano.

La educación es un proceso de mejora personal para la plenitud del ser humano[1].

P.– ¿Cómo educar a los hijos, ya desde la preadolescencia, para que no sean víctimas fáciles en edades posteriores de las manipulaciones ideológicas?

R.– La respuesta supone un plan de acción educativa muy amplio:

— Examinar cuáles son los valores preferidos en cada familia (valores que se transmiten a los hijos a través de vehículos diversos: lo que los padres alaban y premian; lo que es tema de conversación habitual en la familia; lo que los hijos leen en los libros y revistas que entran en casa, etc.). Se trata de juzgar hasta qué punto hay verdaderos valores en una familia concreta, y hasta qué punto las preferencias de los padres están basadas en los mensajes de totalitarismos ideológicos.

---

[1] Cfr. F. OTERO, D., *Educación y manipulación*. EUNSA, Pamplona 1981.

— Estimular el descubrimiento de valores verdaderos por medio de buenas lecturas, buenos ejemplos de los padres, buenas conversaciones familiares, buenas amistades.
— Favorecer los valores verdaderos vividos en la familia (virtudes humanas y sobrenaturales). Se trata de valorar el crecimiento de los hijos en virtudes tanto o más que las buenas calificaciones en el estudio.
— Informar a los hijos acerca de qué tipo de ideologías totalitarias influyen más actualmente y cuáles son sus mensajes; ayudándoles a descubrir tanto los reduccionismos que contienen como la manipulación con la que actúan.
— Poner los medios necesarios para que los hijos formen bien su conciencia moral (conciencia recta y verdadera). Por ejemplo: estudiar casos y situaciones reales (aborto, eutanasia, etcétera) a la luz de las normas morales; favorecer la confesión sacramental frecuente.

P.– ¿Cómo ayudar a los hijos adolescentes que ya han sido influidos por totalitarismos ideológicos?

CAPÍTULO 8

GERARDO CASTILLO

R.– No parece conveniente descalificar abiertamente a los hijos (por ejemplo, con expresiones del siguiente tipo: «estás contaminado por tal ideología»; «te están manipulando»). Con este procedimiento es muy difícil que un hijo reconozca que está equivocado y que ha sido engañado. Más bien se reafirmará en su postura.

Es preferible hacerle pensar a través de buenas preguntas, para que él mismo descubra los errores en los que está incurriendo.

Se trata, por tanto, de poner a los hijos en situación de desarrollar la capacidad crítica. La capacidad crítica consiste en juzgar una conducta o una situación en función de criterios. Para juzgar bien es necesario:

1. obtener información objetiva y completa sobre la realidad que interese en cada momento;
2. tener buenos criterios (sin confundirlos con posibles prejuicios y deseos).

Hay que enseñar a los hijos adolescentes a distinguir la crítica rigurosa y honrada (que procede del estudio serio de una cuestión) del «criticismo» (la crítica superficial e improvisada que consiste en «criticar por criticar»).

LAS DIVERSIONES COMO «ESCAPE»

Un buen procedimiento para estimular la capacidad crítica de los hijos consiste en invitarles a confrontrar y completar sus opiniones sobre un tema determinado, con las ideas que sobre esa misma cuestión se desarrollan en un buen libro.

P.– ¿Qué argumentos utilizar hoy con los hijos adolescentes para poner de moda el esfuerzo?

R.– Conviene presentar el esfuerzo tal como es, sin disfrazarlo de conductas poco exigentes, sin dejarse condicionar por posibles «complejos» a la hora de exigir a los hijos.

Hay que aclarar a los hijos que no hay aprendizaje serio sin esfuerzo personal, que muchas veces es falso lo de «aprenda jugando», «aprender sin estudiar», «la cultura por la imagen», etc.

Hay que presentar el esfuerzo como algo positivo:

— lo natural es esforzarse;
— la vida es lucha y la lucha es la condición principal del éxito;
— la mayor satisfacción es el descanso merecido;
— el trabajo bien hecho requiere esfuerzo continuado;

CAPÍTULO 8

GERARDO CASTILLO

— el espíritu deportivo supone empezar de nuevo cada día con renovado esfuerzo;
— conseguir metas difíciles por sí mismo, con el propio esfuerzo, le hace sentirse a uno útil, contento y seguro.

*La satisfacción
del deber cumplido
es base
de la alegría.*

Para pensar
Para actuar...

Para recordar...

El mejor recurso para evitar que los hijos adolescentes caigan en el pasotismo o conformismo es que sus padres sean inconformistas: que no se instalen en lo que ya han aprendido (disposición para seguir aprendiendo); que se propongan nuevas metas como padres, profesionales, ciudadanos, etc.; que adquieran nuevos compromisos relacionados con la mejora propia y ajena; que estén abiertos a todo lo que pueda elevar su nivel cultural y moral (buenos libros, buenos amigos, etc.).

Para pensar...

Piensa en qué posibles influencias de tipo subcultural están incidiendo en tu hijo adolescente (ciertas lecturas, ciertos espacios de televisión, ciertas diversiones, etc.) y en cómo contrarrestarlas.

Piensa en cómo puedes ayudar a tu hijo adolescente a autocontrolar sus emociones y a no dejarse llevar por el estado de ánimo de cada momento.

Para leer...

Lee el capítulo III del siguiente libro: Gerardo Castillo, *Los Estudios y la Familia*. Col. Hacer Familia, nº 9, Ed. Palabra.

Lee el capítulo IX del libro ya citado de Gerardo Castillo, *El adolescente y sus retos*. Tema: El adolescente y la vida de ocio.

Para hablar...

Tema a hablar entre los padres:
¿Por qué muchos adolescentes de ahora carecen de fuerza de voluntad para casi todo? ¿Cómo se les podría ayudar en la familia a crecer en voluntad?

Tema para hablar con un hijo adolescente:
Los adolescentes de ahora, ¿se divierten o se aburren en los fines de semana?, ¿cuáles son las condiciones para que la diversión no genere aburrimiento?

Para actuar...

Objetivos de Planes de Acción:
Comportamiento social: lograr que el hijo adolescente cuide la corrección en la forma de hablar, vestir y comer; lograr que el hijo cuide la puntualidad con respecto a los horarios familiares y escolares.
Amistad: cómo lograr que un hijo adolescente sin amigos llegue a tenerlos.
Actitudes personales: cómo conseguir que un hijo adolescente sustituya el recurso del enfrentamiento con los demás por el recurso del diálogo y la negociación.

UN PLAN DE ACCIÓN
Las amistades de Pedro

SITUACIÓN:
Ricardo y Conchita se casaron hace 18 años y han formado una familia numerosa de 4 hermanos, Ricardo es abogado y Conchita trabaja en una tienda de arte. El hijo mayor es Pedro con 16 años y sus padres se acaban de enterar de que sale con una pandilla de amigos que no son lo mejor, se pasan el día en las maquinitas, son malos estudiantes y se les ha

visto fumando porros... a los padres no solo les preocupa Pedro sino también el ejemplo que pueda dar a sus otros hermanos.

OBJETIVO:
Cambiar de amigos.

MEDIOS:
Los padres lo tienen muy claro, cambiar a los amigos es una meta casi imposible, y si Pedro sigue con ellos se volverá como ellos...

MOTIVACIÓN:
Los padres no improvisaron, se estudiaron el asunto y hablaron con el hijo, los dos juntos, en los siguientes términos: Le querían mucho, querían lo mejor para él y no veían otra solución que cambiar de amigos... la reacción fue contundente... NO, NI HABLAR del tema, dijo Pedro... Pero los padre le dijeron que la decisión estaba tomada y que le dejaban a él proponer la solución, le dieron varias opciones: Cambiar de colegio, ir a vivir a otra ciudad con los abuelos o busca otros amigos y para ello, apuntarle en unas clases de fútbol que tenía el colegio, a clases de tenis, o llevarle a una escuela de inglés para que allí le fuera más fácil encontrar otros amigos. Otra solución era

apuntarle a un club que había cerca de casa, era de toda confianza, era un club de chicos de edades entre 12 y 17 años, acostumbraban a hacer excursiones y no había chicas. Le dejaron a él elegir, y le dieron tiempo para que lo pensara y tomara él una decisión.

HISTORIA:

Después de una semana Pedro les dijo que él cambiaría de amigos, que se lo dejaran a él solo. Pasó el tiempo y no lo hizo, se volvió más insolente y las notas fueron peor. Sus padres le dieron un ultimátum; o escogía una solución mejor o como primera medida iba interno a otro colegio. Pedro se encontró sin salida... Eligió las clases de fútbol. Y cambió de amigos a pesar de que los primeros amigos no dejaron de llamarle y de darle la lata. Pedro no quería el nuevo colegio y sabía que sus padres cumplían lo que decían. Lo habían hecho en otras ocasiones.

RESULTADOS:

Tarde, pero bien, no es nada fácil conseguirlo, la firme decisión de los padres y saber que no existía otra salida, fue el éxito de este Plan de Acción. Muy bien, por la fortaleza y constancia de los padres.

PARTE TERCERA "C"

> «Los adolescentes aspiran a ser tratados con seriedad. Para eso han dejado de ser niños. No quieren serlo un día más, y se irritan si se los toma por tales. Hay en el alma del adolescente, como en un subsuelo, algo misterioso que se elabora: la futura personalidad. Ya no es un niño; aún no es nada definido; pero está en camino hacia una madurez que ansía. El sentimiento del hombre se refuerza cada vez más en él»
> J. Mantovani

LOS ADOLESCENTES Y LA FAMILIA

PARTE
TERCERA

Los adultos están erguidos a su alrededor con autoridad. Pero está fuera de lugar de ser niños. No quieren ser hombres, y se irritan si se los toma por tales. Hay en el alma del adolescente, como en ninguna otra, algo misterioso: se entrevé el futuro, pero su realidad, lo que no nos aporta es inmediatidad; pero está en camino: los estamos cuidando, que un día, él será quien él formule a la hora cada vez que se aviven en él.
J. Maritain.

LOS ADOLESCENTES
Y LA FAMILIA

CAPÍTULO 9
LA AYUDA PARA EL CONOCIMIENTO DE SÍ MISMO

La ayuda para el conocimiento de sí mismo

1. Los adolescentes no se conocen bien

Es bien sabido que *los adolescentes* no se conocen a sí mismos. No tienen buenas respuestas para una pregunta que se hacen con frecuencia:

¿Quién soy?

Tampoco conocen la respuesta a las preguntas relacionadas con lo que quieren:

- ¿Qué quiero yo de la vida?
- ¿Cómo me gustaría ser?
- ¿Por qué daría mi vida?

CAPÍTULO 9

GERARDO CASTILLO

El adolescente sufre un cambio de personalidad muy fuerte en muy poco tiempo. Y no es posible saber cómo es quien está cambiando ignorando el sentido y el alcance del cambio mismo. Y es menos posible aún para quien lo está viviendo que para quienes lo observan desde fuera.

Aun cuando un adolescente conozca teóricamente el significado de la adolescencia, no está en condiciones de ver y de analizar de un modo objetivo y comprensivo lo que le está ocurriendo.

Una de las dificultades consiste en que está «atrapado» afectivamente por los cambios.

La repercusión afectiva de lo que le está sucediendo condiciona mucho el análisis de su propia realidad.

Para conocerse objetivamente a sí mismo necesitaría distanciarse de sí mismo, del mismo modo que para conocer cómo es un bosque es preciso salir del bosque.

Por otra parte la pretensión de actuar de forma autónoma (llevando además la autonomía al extremo de no aceptar ayudas) coloca al adolescente en una situación muy desfavorable. La ingenua autosuficiencia queda en evidencia continuamente ante problemas nuevos que no es capaz de afrontar. Los errores y desaciertos realimentan así la inseguridad típica del adolescente. Ocupado en proteger un «yo» débil con mecanismos de defensa muy variados (ensoñación, evasión, fabulación, contestación, etc.), apenas le queda tiempo y disposición para reflexionar acerca de cómo es ese «yo».

Esta dificultad inicial del adolescente para conocerse a sí mismo suele disminuir bastante en la adolescencia superior como consecuencia del proceso de maduración personal realizado. Pero, a pesar de ello, los adolescentes siguen teniendo un conocimiento parcial y poco objetivo de sí mismos.

Guardini, por ejemplo, destaca que la falta de experiencia de la realidad hace que el adolescente desconozca su propia realidad personal, especialmente lo que es capaz de hacer.

Al no haber tenido la oportunidad de ponerse a prueba, suele sobrevalorar sus capacidades, lo que le lleva a muchos fracasos[1].

Esta falta de experiencia dificulta el desarrollo del concepto de sí mismo.

---

[1] GUARDINI, R., *La aceptación de sí mismo*. Edit. Cristiandad, Madrid 1979, p. 77.

CAPÍTULO 9
GERARDO CASTILLO

El concepto de sí mismo o «autoconcepto» consiste en la imagen que cada persona tiene de sí misma (autoimagen) y también en la valoración que hace de sí mismo (autoestimación).

Esta capacidad para verse y para juzgarse a sí mismo evoluciona con el tiempo y es un elemento muy importante del proceso de maduración personal.

Está comprobado que la formación del autoconcepto continúa a lo largo de la adolescencia superior. Se favorece con la realización de actividades variadas que requieran la aplicación de diferentes capacidades personales.

La capacidad de conocerse a sí mismo va unida también al desarrollo de algunas actitudes o disposiciones personales:

— apertura a la información sobre sí mismo proporcionada por otras personas (aceptación de ayuda);
— búsqueda o petición de información por iniciativa propia;
— valentía para vencer el miedo a conocerse en algún aspecto de la personalidad;
— reflexión sobre sí mismo;

— sinceridad para interpretar fielmente los datos obtenidos.

El ambiente masificado y ruidoso en el que viven hoy muchos adolescentes; el recurso tan frecuente a diferentes formas de evasión, son un freno importante para el desarrollo de este tipo de actitudes.

El insuficiente conocimiento de sí mismos que suelen tener los adolescentes se pone de manifiesto en el momento de adoptar una decisión relacionada con su futuro profesional.

No es infrecuente que elijan una carrera o una ocupación para las que están poco dotados o que no les interesa realmente. Ello evidencia un desconocimiento tanto de lo que pueden como de lo que quieren.

Muchos adolescentes confunden sus gustos y apetencias (que pertenecen al simple *deseo)* con lo que quieren (que pertenece a los actos voluntarios) Querer de verdad algo requiere reflexión, voluntad fuerte y voluntad orientada al bien.

Es importante
ayudar al adolescente
a orientar su voluntad
al bien.

Y esto por su propia felicidad.

Son muchos los aspectos en los que los adolescentes necesitan conocerse mejor. Destacaré cuatro que considero fundamentales:

1.- Aptitudes y habilidades.
2.- Intereses, preferencias, motivos radicales.
3.- Tipo de carácter o personalidad.
4.- Criterios y conducta moral.

Conviene subrayar la estrecha relación que existe entre conocerse mejor y ser mejor.

Es necesario conocerse a sí mismo como *persona* antes que como persona concreta diferente de otras personas.

Conocerse como persona significa descubrir la dimensión espiritual del hombre y saber que en virtud de esa dimensión el hombre es sujeto de dignidad.

Mejorar como persona significa ser más coherente con lo que se es, estar a la altura de la dignidad que la persona tiene. Ello implica desarrollar o actualizar las virtualidades contenidas en el hombre.

Mejorar como persona
es crecer en función
de valores verdaderos.

2. Algunas metas en el conocimiento de sí mismos

Todas las fases del desarrollo evolutivo de la personalidad tienen, lógicamente, posibilidades para la mejora personal y para las ayudas educativas que favorecen esa mejora.

No obstante, deben destacarse dos fases con posibilidades especiales. Una de ellas es la «tercera infancia» (7 a 11 años aproximadamente). La otra es la adolescencia superior (17 a 21 años aproximadamente).

A diferencia de otras fases (segunda infancia; pubertad; adolescencia primera y media), las que acabo de destacar son menos problemáticas, tanto para quien las vive como para los padres y profesores. Tercera infancia y adolescencia superior coinciden en ser épocas de desarrollo de capacidades relacionadas con el aprender:

— con el afán de mejorar y superarse a sí mismo;
— con la apertura a los demás;
— con la estabilidad de los sentimientos.

Son etapas de calma y equilibrio, sin conflictos consigo mismo o con los demás.

Se comprende entonces la importancia que tiene saber aprovechar –con estímulos y ayudas

CAPÍTULO 9
GERARDO CASTILLO

educativas adecuadas– las especiales posibilidades de estas etapas.

Es preciso no caer en un frecuente error de padres y profesores: preocuparse mucho de la educación de los hijos en las etapas «conflictivas» y muy poco o nada de la educación en las etapas «tranquilas».

Las grandes posibilidades de la adolescencia superior para la mejora personal son el fruto obtenido de la maduración en las fases anteriores.

Veamos a continuación, la evolución deseable al final de la adolescencia expresada en tres metas a lograr con ayuda de los padres.

PRIMERO:
PASO DE LA AFIRMACIÓN NEGATIVA A LA AFIRMACIÓN POSITIVA DE SÍ MISMO.

En la adolescencia inicial y media se necesita afirmar la personalidad que acaba de despertar.

El adolescente acaba de descubrir que es alguien y lo subraya continuamente con nuevas conductas. La afirmación es más fuerte después de cualquiera de los muchos errores y fracasos producidos por su falta de realismo (muy relacionada con su escasa experiencia de la vida).

La falta de éxito (en el estudio, en las relaciones con los amigos de ambos sexos, en la vida familiar, etc.) es un factor de inseguridad.

El adolescente es consciente de que no ha hecho nada por sí mismo que valga la pena; ello origina sentimientos de insatisfacción y de inferioridad.

Responde a esta situación de agobio no con conductas pensadas, relacionadas con las causas reales de sus problemas, sino con conductas reactivas y con mecanismos de defensa.

Actúa del mismo modo que quien se encuentra asediado, sitiado, y tiene que defenderse sobre la marcha.

El adolescente de esta fase «necesita» encontrar «culpables» de su desgracia. No pueden ser quienes tienen su mismo problema (las personas de su edad, sus amigos); deben ser quienes crean las reglas de juego y exigen que se cumplan (los adultos, especialmente los padres). El adolescente afirma su personalidad (una personalidad débil, amenazada) con la oposición por sistema a lo que proponen, mandan o prohíben los mayores; con el espíritu crítico; con la rebeldía negativa.

En la fase siguiente –adolescencia superior– también existen errores y fracasos (aunque en

CAPÍTULO 9
GERARDO CASTILLO

menor grado). Pero el adolescente no culpa ya a los demás de todo lo malo que le ocurre; descubre que la causa y la solución de sus problemas depende más de él mismo que de los padres o de los profesores.

También descubre que «ser él mismo» no consiste en enfrentarse con los adultos o en distanciarse de ellos, sino en sacar partido, con esfuerzo personal, a sus nuevas capacidades.

Esto va unido a una evolución con respecto al concepto «libertad».

Para el adolescente inicial la libertad es «libertad de» hacer y tener; es «liberación» de todo tipo de normas y deberes.

El adolescente de 18 años en cambio, suele descubrir que la libertad no se reduce al libre albedrío (elegir) sino que incluye elegir el bien; comprende ya que la libertad no es un fin en sí misma, sino un medio:

La libertad
es un medio
para la mejora personal
propia y ajena.

LA AYUDA PARA EL CONOCIMIENTO DE SÍ MISMO

A partir de aquí tiene sentido para él la conducta responsable, la autoexigencia, la lucha para ser más persona (que se traduce principalmente en el uso responsable de la libertad) y mejor persona (que se concreta en la práctica de las virtudes).

Esta afirmación positiva del yo es una «afirmación del yo mejor» en diferentes ámbitos de la vida:

— relaciones familiares;
— relaciones con el grupo de compañeros;
— amistad;
— estudio;
— trabajo;
— tiempo libre.

En cada una de estas situaciones el adolescente satisface ahora necesidades afectivas y sociales; también le sirven para conocerse mejor a sí mismo y para obtener experiencias útiles a la hora de hacer proyectos para el futuro.

SEGUNDO:
PASO DEL «DESCUBRIMIENTO DEL YO»
AL «DESCUBRIMIENTO DEL TÚ».

La adolescencia inicial y media es una fase de introversión. Es una crisis interior. El adolescente

CAPÍTULO 9
GERARDO CASTILLO

se encierra en sí mismo porque está muy interesado en ese mundo propio que acaba de emerger.

También por instinto defensivo: al ser consciente de su debilidad para afrontar por sí mismo los nuevos retos que aparecen en su vida, se retira a un terreno en el que corre menos riesgos. La introversión es efecto, además, del problema de incomunicación que padece el adolescente: al no tener nada en común con casi nadie y al no saber hacer común lo propio (comunicar), queda en situación de aislamiento.

La introversión conlleva soledad. La soledad es un rasgo negativo cuando responde a deseos de aislamiento y evasión.

La soledad del adolescente es especialmente nociva cuando no se supera en un reducido espacio de tiempo; en ese caso puede ser un factor desencadenante de diferentes alteraciones psicopatológicas[2].

Pero la soledad del adolescente tiene también una vertiente positiva: es una situación para experimentarse a sí mismo, para intentar encontrarse

---

[2] Cfr. POLAINO, A., *Aburrimiento y soledad en los adolescentes*. Colec. «Folletos mc», o. c.

LA AYUDA PARA EL CONOCIMIENTO DE SÍ MISMO

a sí mismo. En este sentido, la soledad puede ser un factor de autoconocimiento y de profundización en la vida interior.

Este alejamiento del mundo exterior y el ensimismamiento en el propio yo tiene, por tanto, una función en la maduración personal del adolescente.

Esos frutos empiezan a recogerse en el inicio de la adolescencia superior.

La adolescencia superior es una época de extraversión que rompe la actitud de aislamiento anterior. Al disminuir el egocentrismo, el adolescente está en condiciones de mantener con otros una auténtica relación de persona a persona.

Si antes buscaba en el tú solamente su propio yo, ahora es ya capaz de ver al tú como una realidad independiente que no se debe instrumentalizar.

La adolescencia superior se caracteriza así por el «descubrimiento del tú», lo que conlleva el desarrollo de sentimientos sociales:

— comprensión;
— compasión;
— altruismo;
— entrega;
— sacrificio, etc.

CAPÍTULO 9
GERARDO CASTILLO

El «descubrimiento del tú»
es un factor clave
para la maduración
de la amistad y del amor.

La amistad deja de ser un fenómeno grupal para convertirse en un intercambio personal que incluye la confidencia o comunicación de la propia intimidad. El amor chico-chica no se basa ya en el simple atractivo físico del otro (estar prendado), sino en lo más íntimo del otro (sus sentimientos, valores, cualidades, etc.) que es visto como persona.

TERCERO:
PASO DE LOS «MODELOS» DE CONDUCTA A LA ACTITUD VALORATIVA PERSONAL

El niño actúa de acuerdo con unos valores y una ley moral transmitida por la familia. Su vivencia de los valores es subordinada y, con frecuencia, impuesta. El punto de referencia que sigue el niño es el de los adultos modelo a quienes admira. Obra de acuerdo con un ideal intuitivo.

Durante la pubertad y adolescencia se duda de muchos valores aprendidos en la familia, aun cuando se siga dependiendo de algún modo de ellos.

LA AYUDA PARA EL CONOCIMIENTO DE SÍ MISMO

Se trata todavía de una independización incompleta, porque el adolescente sigue necesitando modelos personales en su vida. La novedad, con respecto a la infancia, es que ahora examina críticamente esos modelos, es más exigente.

El ideal del adolescente de 18 años no es ya un ideal concreto, vinculado a una persona determinada a quien hay que imitar, sino un ideal abstracto, universal. Por ejemplo, la libertad, la justicia, la paz, la solidaridad.

La formación del mundo personal de valores supone para el adolescente elegir una línea de conducta moral en su vida, de modo similar a como elige un trabajo en función de la vocación profesional.

El adolescente elige un modo de vivir de acuerdo con un modo de ver los valores, lo que constituye el núcleo del carácter.

El adolescente aspira a ser un «hombre de carácter».

Un hombre en el que la voluntad orientada al bien manda sobre los demás elementos de la vida psíquica: afectos, impulsos, deseos...

CAPÍTULO 9
GERARDO CASTILLO

El «hombre de carácter» se esfuerza, de modo habitual, en ser lo que aspira a ser.

La forma de vida elegida debe ser, lógicamente, el punto de referencia del «proyecto personal de vida» que se elabora en la adolescencia superior.

Tras analizar el progreso logrado en la adolescencia superior con respecto a la adolescencia inicial, cabe preguntarse cuáles han sido los factores principales que han hecho posible esa maduración.

Uno de los factores es el desarrollo mental (la capacidad de profundización).

El adolescente de esta última fase está en condiciones de razonar de acuerdo con el proceso propio de la investigación: definir problemas, formular hipótesis relacionadas con cada problema, llegar a la verdadera solución.

Un factor de maduración personal en la adolescencia superior es la liberación del pensar con respecto al sentir.

Ahora, normalmente, ya no «mandan» los sentimientos y emociones, sino el pensar y el querer, es decir, la conducta voluntaria.

Otro factor es la tendencia del adolescente a explorar su mundo interior y a poseer la riqueza que allí se encierra.

LA AYUDA PARA EL CONOCIMIENTO DE SÍ MISMO

Tiene así la oportunidad de descubrir los valores y posibilidades de la persona humana. Esto constituye el principal punto de referencia para el desarrollo personal.

Los padres necesitan aprender a ayudar a sus hijos en un problema fundamental: cómo pasar de la adolescencia media a la adolescencia superior sin retrasos injustificados.

Para lograr este objetivo pueden ser útiles los siguientes «Planes de Acción»:

— Animarles a que realicen actividades que, además de gustarles, sean un reto para ellos. Actividades que les sirvan para probarse a sí mismos.

De esta manera irán conociendo, de un modo más objetivo, sus capacidades y sus limitaciones. A partir de este autoconocimiento podrán aceptarse como son y exigirse de forma realista. Existirán, además, oportunidades para que los hijos desarrollen la actitud de superación personal.

Un ejemplo de actividad: si al hijo adolescente le gusta escribir y considera que tiene facilidad para ello, se le puede animar a que publique algo, de modo habitual, en la Revista del Colegio. Si tiene éxito, más adelante podría ocuparse de una sección de la Revista. Otra posibilidad: colaborar en el club de prensa del colegio.

Otro ejemplo: animarles a que hagan un trabajo de tipo profesional durante las vacaciones de verano que esté relacionado con algún interés personal. Por ejemplo, dar clases particulares a algún niño.

La realización de este trabajo será una magnífica oportunidad para ejercitar muchas capacidades (como, por ejemplo, expresarse, razonar, preguntar) y para desarrollar virtudes (como, por ejemplo, la comprensión, la fortaleza, el optimismo, la paciencia).

Esta actitud será además una fuente de experiencias personales y una base para la afirmación positiva de sí mismo: ganar en seguridad y autoestima trabajando bien (y no criticando a los demás).

3. Un ejemplo: Caso «Pilar»[3]

Pilar es una chica de 19 años, tiene cinco hermanos mayores que ella, y uno menor. El mayor

---
[3] Caso original de MAGDALENA ARAUJO (ICE, OF-391, Universidad de Navarra).

tiene ahora 32 años y el menor 18. En total son cuatro chicos y tres chicas.

Debido a su profesión, su padre estaba poco tiempo en casa, y algunas veces tenía que viajar a otra ciudad o al extranjero; generalmente le acompañaba su esposa, razón por la que los hijos en ciertas ocasiones se quedaban solos.

Su madre era dueña de un pequeño almacén que quedaba cerca de su casa, y trabajaba allí durante el día. Como tenía ayuda doméstica en casa, podía ausentarse, sabiendo que todo marcharía bien.

Desde muy pequeña Pilar había sido una niña dócil y cariñosa. Estaba siempre dispuesta a ayudar a todos en lo que fuera necesario y lo hacía con la alegría de ser útil. Tendía al perfeccionismo, por esto a veces tardaba en acabar lo empezado.

Por razones de trabajo de su padre, a menudo había invitados en las comidas y las cenas en casa; Pilar ayudaba a poner la mesa y arreglar la casa, y estaba siempre pendiente de todo. Cuando alguien en su familia enfermaba, ella le cuidaba: le acompañaba y se preocupaba de darle los remedios a la hora prescrita.

CAPÍTULO 9
GERARDO CASTILLO

Salía muy poco y cuando lo hacía era para acompañar a su madre o alguno de su familia. Tenía pocas amigas; casi todas eran del colegio, y ninguna vivía cerca de su casa, solo las veía en clase.

Alrededor de los catorce años, Pilar empezó a cambiar. Sus padres no habían tenido que luchar para que estudiara; ella siempre había sido buena estudiante; pero nunca le dieron muestras de valorar su esfuerzo. Y a esta edad... necesitaba que le dijeran algo, que la estimularan. Sus padres estaban seguros de que estudiaría... pero ella pensaba que no les importaba si lo hacía o no.

Empezó a ser menos servicial, a centrarse más en sí misma y hacía las cosas en cuanto le reportaban a ella un bien, olvidando las necesidades de los demás: no tenía tiempo para hacer favores, lo tenía demasiado ocupado consigo misma, cada vez se fue centrando más en sus estudios.

Llegó un momento en que siempre estaba encerrada en su habitación estudiando, y si era requerida, se disgustaba y con la excusa de los estudios no compartía ratos de tertulia ni ratos de trabajo con el resto de la familia. Eso sí, sus calificaciones cada vez eran mejores.

LA AYUDA PARA EL CONOCIMIENTO DE SÍ MISMO

Otro campo en el que se notó su cambio fue en el humor. Se había convertido en una persona irascible, a quien no se le podía decir nada, pues al estar en una actitud defensiva, explotaba fácilmente.

Este cambio de humor era primordialmente de cara a los de la casa, pues en el colegio, con sus amigas se llevaba muy bien. En el fondo sabía que sus padres la apreciaban, pero necesitaba que se lo demostraran.

Otro cambio que se fue dando gradualmente fue en su vida religiosa. El ambiente que le rodeaba le aportaba un modo de vivir de espaldas a Dios; en cambio, erigía al hombre en medida de todas las cosas. Pilar sin darse cuenta fue dejando la frecuencia de sacramentos, la Misa dominical y los actos de piedad. Ya no sabía muy bien si ciertos hechos que cada vez con más frecuencia se daban en la sociedad, eran éticos o no.

Pilar se preguntaba:

— ¿Cómo me ven mis padres?
— ¿Qué esperan de mí?
— ¿Cómo ven a los demás?
— ¿Qué función tengo yo en la familia?

Al compararse con sus hermanos se encontraba menos popular, menos tenida en cuenta.

CAPÍTULO 9
GERARDO CASTILLO

Algunos de sus hermanos eran fácilmente el «centro de las reuniones». Llamaban la atención dentro y fuera de casa por su gran simpatía, alegría, animación. Ellos tenían un temperamento más abierto que el de Pilar; eran diferentes a ella, tanto en su forma de ser como en sus intereses y ocupaciones.

En las fiestas en casa, eran ellos quienes cantaban, bailaban, hablaban y contaban chistes. Pilar no resaltaba por estas cosas, y tenía que quedarse callada y pasar inadvertida.

Cada vez estaba más tiempo fuera de casa. Se distanciaba mucho de toda la familia, y en especial de su madre, a la que había estado muy unida. Hablaba con ella sobre cosas superficiales, y en cuanto algo iba a tocar fondo, huía. Trataba de estar el menor tiempo posible cerca de ella.

Si no estaba con amigas se encontraba estudiando. En cuanto a las amigas también sufrió un cambio. De pequeña andaba sola, sin amigas. Ahora necesitaba tenerlas, y decidió buscarlas, abrirse un poco. Pero sus amigas no lograban llenarle completamente; quizá la razón era que ninguna de ellas era muy amiga, más bien compañeras, ya que estaba con todas un poco, pero con nadie en especial, ¿o será que ninguna amistad le podía llenar completamente?

Hacia esta misma época fueron las primeras salidas con los chicos de la pandilla. Seguía buscando la «seguridad» que no había encontrado ni en su casa, ni en los estudios, ni en las amigas. Con ellos tampoco lograba encontrarla.

Fuera de casa imitaba ciertas actitudes y comportamientos de otras personas que sí eran tenidas en cuenta, y ocultaba sus propias cualidades en busca del «éxito». Con sus amigos, intentaba hacer lo que no se sentía capaz de hacer en casa. Con ellos era muy alegre, abierta. Parecía una persona diferente de la que conocían en su casa.

Con su familia era más retraída de lo que era ella realmente, quizá debido a que había un poco de contraste con sus hermanos, lo cual daba como resultado el que ellos resaltasen más, y que en cierta forma se impusieran, relegando a los menores a un segundo plano.

Con sus amigos, pasaba lo contrario; inconscientemente quería llamar la atención, pensando que así se encontraría segura.

No se sentía bien llevando esta doble vida. En el fondo no se conocía ni sabía lo que quería. Se en-

CAPÍTULO 9
GERARDO CASTILLO

contraba en un estado de inconformidad con todo. Con lo de antes, porque no era visto por los otros como importante, y con lo de ahora, porque era una perfecta comedia. En esta época tenía 17 años.

Después llegó un momento en que se creyó el papel que estaba desempeñando, y pensó que así era ella realmente. Quizá era más popular, pero no más feliz.

Antes salía con los chicos de la pandilla; con ninguno de ellos estuvo mucho tiempo. Más tarde empezó a conocer otros amigos, con algunos salía de vez en cuanto y con otros durante cuatro o cinco meses.

A los 19 años, después de haber estado cinco meses de novia, se rompió esta relación y ella sufrió mucho. Se dio cuenta que el problema tenía que estar en ella porque no era normal que no pudiera tener una relación estable. Quería buscar en el noviazgo la estabilidad que no tenía, pero como aportaba problemas...

Ese malestar, esa inconformidad, esa inquietud que ya sentía, aumentaron considerablemente. Era un momento terrible en el que se sentía preocupada, descorazonada, abatida. Esto le llevó a plantearse muy seriamente algunas cuestiones.

— ¿Qué quiero yo de la vida?
— ¿Qué voy a conseguir si sigo así?
— ¿A dónde voy?
— ¡No he hecho nada que merezca la pena!
— ¡Tengo que cambiar!

Sabía que tenía que cambiar, pero ¿cómo?, ¿en qué? ¡Era tan difícil! Después de haber estado avanzando por caminos equivocados, por varios años, tenía que ir en busca del verdadero, de «su» camino, ¿cuál era el suyo?

Pilar había sido muy independiente. Hacía lo que debía sin que la mandasen y lo que quería sin consultar. Se acostumbró a ir sola, sin recurrir a nadie. No había aprendido el gran valor ni la necesidad de dejarse guiar y ayudar. Se encontraba sola en su lucha.

Quería recurrir a alguien que le pudiera ayudar, pero solamente tenía confianza en sus mejores amigas. No podía explicar lo que sentía ni a sus padres, ni a sus hermanos o a alguna otra persona. Nunca había tenido un director espiritual, así que tampoco podría hacerlo por ese lado. Incluso a sus amigas no les decía todo lo que le

CAPÍTULO 9
GERARDO CASTILLO

preocupaba y le molestaba. Había algunos puntos que nunca tocaba, o si ellas los conocían, no aceptaba casi ninguna ayuda.

Lo único que le hizo reaccionar fue que se sintió deshecha. Primero se encerró más que nunca en sí misma, incluso físicamente, hasta el punto de estar en su habitación y no salir para nada. Pensaba y lloraba mucho.

Si seguía así se iba a volver loca; empezó a hablar un poco con sus amigas, y por primera vez, se encontraba algo abierta. Ellas sabían en gran parte todo lo que pasaba, pero no podían hacer ni decir nada si ella no lo quería; le fueron ayudando a superar la crisis y a ver sus fallos.

Casi todo dependía de Pilar, de su lucha, de su constancia, pero necesitaba encontrarse acompañada. El comentar sobre lo que le pasaba a ella también le sirvió mucho a sus dos amigas para mejorar en ciertos puntos. Se apoyaban mutuamente y se exigían. En ciertos momentos parecía que todo iba a salir muy bien.

¡Era tan difícil cambiar de un momento a otro! Se desilusionaba, se encontraba nuevamente desorientada, pero al recordar lo pasado, se encontraba con su determinación:

¡Tengo que cambiar!

Otras veces lo que le costaba mucho era tener que dejar de ser tan independiente, pues veía que sola no podía llegar a ninguna parte.

Por medio de caídas y constantes rectificaciones, pudo ir mejorando poco a poco.

Ya no le importaba el que la valorasen o no. Lo importante era mejorar. ¿Qué cualidades y defectos tenía? ¿Qué tenía que hacer ahora? Decidió fijarse en sus cosas positivas, para seguir desarrollándolas, y empezar a mejorar en lo que fuera necesario.

Reconoció que era a *ella* a quien le correspondía actuar; estaba obligada a ir exigiéndose para ser cada vez mejor. Antes siempre se había disculpado: los «culpables» eran sus padres, sus hermanos... en fin, los demás; nunca se había responsabilizado de su propia mejora.

Quizá ellos habían cometido algunos errores –todos lo hacemos– que contribuyeron a su cambio inicial, pero de una cosa estaba segura: siempre tuvieron la intención de actuar de la mejor forma posible.

Ahora Pilar tenía que afrontar la situación presente, tomar las riendas de su propia vida, ser ella misma, olvidando viejas e inútiles comparaciones

CAPÍTULO 9
GERARDO CASTILLO

que la habían llevado a perder su identidad. Tenía una vida por delante, **su vida**. Y de lo que ella hiciera en adelante dependería todo.

Para emprender la tarea que se había propuesto tendría que cambiar de actitud. Era necesario exigirse, readquirir hábitos e ir verificando cómo se iba produciendo esa mejora esperada.

La mayor parte de la labor tenía que ser suya: la lucha; pero fue aprendiendo a aceptar y a pedir ayudas: dirección, consejo, en especial de aquellas personas que sabía le podían guiar, ayudar, corregir, exigir. Pero sola no podía.

En su búsqueda se encontró con un sacerdote quien le fue mostrando nuevos caminos, estimulándola y exigiéndole. Poco a poco Pilar fue descubriendo a Dios y viendo que Él es el único que nos puede llenar.

También conoció a personas con ideas claras quienes con su ejemplo y palabra le fueron mostrando nuevos caminos y animándola, al ver que la lucha no era estéril.

Así fue eligiendo los mejores medios a su alcance, para conseguir mejores fines.

Su intención no era mejorar en un solo aspecto, sino ir luchando poco a poco –y cada vez un poco más– en varios, para que hubiese un equilibrio y mejores resultados.

¡Menudo trabajo le había costado y le seguía costando! Pero valían la pena todos los esfuerzos.

Se había dado cuenta de que por mucho que la quisieran todos, si ella no sabía lo que quería, y si no se autovaloraba, era imposible que pudiese encontrar una «seguridad», porque el sentirse seguro de sí mismo no viene dado desde fuera, sino que brota desde el interior de la persona, cuando está conforme con su forma de ser, en los fines para los que fue creada y está luchando por mejorar.

Ahora Pilar ve que una cosa es conocer intelectualmente el camino, y otra, difícil, pero a la vez reconfortante, es ir caminando por él.

4. Comentarios al caso

La protagonista del caso, Pilar, tiene al final de esta historia real 19 años. Se encuentra, por tanto, en la fase de la adolescencia superior. Pero tenemos también muchos datos de las etapas anteriores de su vida: infancia, pubertad, adolescencia media.

CAPÍTULO 9
GERARDO CASTILLO

El caso sirve para reflexionar acerca de cómo esta chica cambia (madura como persona) de un modo progresivo. Es interesante, por ello, analizar cómo se produce el paso desde cada etapa a la siguiente.

A los 19 años Pilar alcanza un nivel de madurez personal notable que contrasta mucho con el bajo nivel de las edades anteriores. Pero conviene aclarar que esas edades anteriores eran necesarias, jugaron un papel importante en el logro del resultado final. La educación es un resultado («persona educada») pero es también un proceso «persona educándose».

El proceso de Pilar a lo largo de estos años es un proceso para aprender a conocerse mejor a sí misma, para averiguar qué es lo que quiere en la vida (sin confundirlo con lo que le apetece) y para desarrollar la capacidad de esfuerzo personal al servicio de lo que es y lo que quiere.

¿Cómo se produce el paso de la infancia a la adolescencia? Veamos qué ha ocurrido a los 14 años.

Pilar deja de ser una niña casera, con actitud de ayuda y servicio en su familia, para estar casi siempre en la calle, centrada en su grupo de amigos, distanciada de su familia, pendiente más de sí misma que de las necesidades de los demás.

Pilar deja de ser una niña dócil, cariñosa y alegre en casa, para estar siempre «a la defensiva», enfadada y de mal humor.

Pilar deja de estudiar sin que se lo pidan o exijan, para necesitar exigencia y valoración de su esfuerzo por parte de los padres.

Pilar deja de ser una niña con vida de piedad.

Todas estas nuevas conductas son conductas frecuentes en la adolescencia primera. Responden a los rasgos propios de esta etapa: pereza, afán de independencia, inseguridad, introversión, necesidad de pertenecer a un grupo de amigas.

Los padres de Pilar parece que «no se enteran» de que su hija ha dejado de ser una niña.

Por ejemplo, no le exigen y estimulan en el estudio debido a que siempre fue buena estudiante.

Estos padres se han acostumbrado a actuar de acuerdo con una situación (la infancia) que ya no existe.

Pilar ha pasado en muy poco tiempo de la seguridad (confianza en sí misma) que provenía de seguir dócilmente las normas dadas en la familia, a la inseguridad que proviene de pensar y actuar por sí misma (supone mayor riesgo de equivocarse y de quedar mal ante los padres).

El adolescente quiere ser él mismo: ser independiente, ser mayor. Para lograrlo se distancia de los padres (ante el temor de seguir siendo tratado como un menor de edad).

Si en la pubertad Pilar se sentía mal, en la adolescencia media (15 a 17 años) se siente aún peor. No es extraño que le sucediera esto, ya que la auténtica crisis de la adolescencia suele darse en este momento. Es la época del inconformismo, del espíritu crítico y de la rebeldía. Es una crisis «hacia dentro», mientras que la pubertad es una crisis «hacia fuera».

Pilar se encuentra llena de inquietud, malestar, inconformidad. La inseguridad ha crecido. Busca esa seguridad, y ese éxito de que carece en el grupo de amigos (incluso ocultando su forma de ser e imitando conductas de personas tenidas en cuenta).

En este momento empiezan los descubrimientos de Pilar. Descubre que no se conoce a sí misma y que no sabe qué es lo que quiere.

En la adolescencia superior (después de los 17 años) Pilar llega a descubrimientos aún más importantes. Pero ello es una consecuencia de su capacidad para hacerse a sí misma buenas preguntas (ya que la pregunta es el mejor procedimiento para desarrollar la capacidad de pensar). Pilar se plantea tres preguntas:

— ¿Qué quiero yo de la vida?
— ¿A dónde voy?
— ¿Qué voy a conseguir si sigo así?

Son preguntas relacionadas con el sentido de la vida.

Pilar descubre que el problema (su problema) no está fuera, sino dentro de ella misma. Por tanto la solución depende fundamentalmente de ella misma (se da cuenta de que es absurdo culpar de todo lo que le ocurre a los padres).

Pilar descubre también las causas de su malestar anterior: se había encerrado en sí misma, sin confiar en nadie; había sido demasiado independiente, sin aceptar ni pedir ayudas. Reflexionando sobre su experiencia advierte que cuando se abre a los demás, a las personas amigas, se siente mejor.

A partir de este momento Pilar establece toda una «filosofía» de la vida que es, al mismo tiempo, un programa de vida. Decide ser ella

CAPÍTULO 9

GERARDO CASTILLO

misma (sin ocultar como es) y mostrarse coherente con sus principios (sin estar preocupada –limitada– por lo que opinan los demás). Considera que ello exige, a su vez, esfuerzo, lucha por mejorar poco a poco con constantes rectificaciones. Y todo ello pidiendo ayudas cuando sea necesario.

En su búsqueda sincera y valiente Pilar descubre a Dios («el único que nos puede llenar») y conoce a personas que la orientan y animan con su ejemplo y con sus palabras.

Pilar ha madurado mucho como persona en solo dos años (17 a 19 años). Ha formado la capacidad de autogobierno (gobierno de toda la vida psíquica desde la razón y la voluntad). Se ha hecho responsable de su vida (decide «tomar las riendas de su vida»). Valora toda su mejora personal continua.

Dos años antes Pilar no se conocía a sí misma, no sabía lo que quería, no era capaz de una relación estable y, además, estaba abatida. Cabe preguntarse por ello: ¿qué fue lo que la hizo reaccionar? Hubo varios factores:

— sentirse «deshecha». El «tocar fondo» en la propia vida le hizo tomar una determinación firme: «tener que cambiar»;

LA AYUDA PARA EL CONOCIMIENTO DE SÍ MISMO

— el análisis inteligente de su vida pasada: mejoraba cuando se abría a los demás;
— la capacidad de preguntar sobre su vida futura;
— el propósito firme de mejorar sin ahorrar esfuerzo y con humildad: con rectificaciones constantes tras sus caídas;
— la ayuda de un sacerdote que le mostró nuevos y buenos caminos para su búsqueda; la ayuda de otras personas amigas (que le ayudaron a ver sus fallos –a conocerse mejor– y a salir de la crisis con su estímulo).

Los descubrimientos de Pilar pueden servir a otros muchos adolescentes a salir con éxito de la crisis (porque no todos lo consiguen). Pueden servir también a los padres y orientadores de hijos adolescentes.

En este caso las cosas rodaron bien, pero no por la actuación de los padres.

Pilar tuvo suerte con las amigas y los amigos que la rodearon, pero no siempre es así.

Y los padres no se pueden jugar el futuro de un hijo al azar.

Los padres debemos seguir de cerca a los hijos, mantener el diálogo y actuar cuando nos necesi-

CAPÍTULO 9
GERARDO CASTILLO

ten, estar disponibles, evitar que se sientan solos en la medida de lo posible.

Los hijos
deben saber
que cuentan
con la ayuda
de sus padres.

Los padres
deben estar
«realmente» disponibles.

CAPÍTULO 10
LA ORIENTACIÓN PARA LA VERDADERA CONVIVENCIA

La orientación para la verdadera convivencia

1. El aprendizaje de la convivencia

El hombre es sociable por naturaleza. Necesita la relación personal y la convivencia con los demás hombres, pero no nace sabiendo convivir: desde la primera infancia se observan, en todas las personas, actitudes agresivas hacia los otros, posturas egoístas, afán de dominar, falta de comprensión, de tolerancia, etc.

La convivencia requiere el desarrollo de actitudes positivas hacia los demás. Estas actitudes (servicio, solidaridad, respeto, etcétera) no proceden de ningún convencionalismo, sino de una necesidad y de un derecho de la persona, que debe ser tratada como tal (y no como un objeto o una cosa).

Pero, con ser mucho, las actitudes altruistas

CAPÍTULO 10

GERARDO CASTILLO

(que se concretan en las virtudes convivenciales: sinceridad, lealtad, etc.) no lo son todo. Una persona puede ser buena para los demás (buenos sentimientos, buenas disposiciones, buenos detalles, etc.) y no estar, sin embargo, preparada para convivir.

Sucede que la convivencia tiene sus reglas. Convivir es un arte que hay que aprender. Por ejemplo, es fundamental aprender a conversar. No hay auténtica convivencia sin conversación. Pero saber conversar supone, a su vez, saber preguntar, callar, escuchar, expresarse, etc.

Convivir es vivir con otros. No se trata simplemente de vivir junto a otros, de coexistir físicamente, de estar próximo solo en lo corpóreo y en lo material. Convivencia es confluencia de dos o más vidas personales, proximidad espiritual. Esta cercanía entre personas supone preocupación por los otros, trato personal, comunicación, ayuda, exigencia.

La convivencia tiene diferentes grados (simpatía, compañerismo, amistad, amor). Se convive en diferentes ámbitos: la familia, la escuela, el lugar de trabajo, la calle... La convivencia más intensa es la que tiene lugar en la familia y entre los amigos.

LA ORIENTACIÓN PARA LA VERDADERA CONVIVENCIA

La capacidad para convivir se desarrolla a lo largo de la vida de cada persona. A lo largo de este proceso hay tres momentos especialmente significativos.

El primero, es la convivencia con los compañeros de estudio (seis a once años). Es la época del compañerismo o camaradería.

El segundo, es la convivencia dentro de un grupo de amigos (doce a quince años). Inicialmente, el grupo es muy amplio; posteriormente, el grupo se reduce, lo que permite una convivencia más intensa.

El tercer momento es el de la amistad de persona a persona, basada en el trato personal.

En la relación de compañerismo o camaradería lo que une a las personas es solamente lo que hacen (estudiar, trabajar). Si esa tarea o quehacer común desaparece, la convivencia también desaparece. En cambio, en la relación de amistad, las personas se sienten unidas no por lo que hacen, sino por lo que son. Es un vínculo personal y permanente.

Al amigo se le elige en función de unas cualidades personales que se prefieren. Entre amigos existe una afinidad espiritual y un compromiso.

CAPÍTULO 10

GERARDO CASTILLO

***Los amigos
se abren mutuamente
el alma.***

Se confían lo que pertenece al ámbito de lo íntimo, de lo más personal. Y todo ello no en función de la utilidad, sino del mutuo bien de los amigos en cuanto personas.

La etapa de la camaradería es una base o cimiento para la posterior etapa de la amistad. La fase de amistad en grupo es una preparación para la amistad individual que viene después. La familia y la escuela deben favorecer este proceso de socialización en cada hijo:

— Hay que estimular la actitud de apertura hacia los demás.
— Hay que enseñar a ser buen compañero y buen amigo.
— Hay que favorecer las virtudes convivenciales:
   — sinceridad;
   — comprensión;
   — respeto;
   — generosidad;
   — paciencia;
   — lealtad, etc.

Y esto a lo largo de las diferentes edades.

> *La conversación
> es básica
> en una auténtica
> convivencia.*

2. Un problema de hoy: muchos adolescentes no saben convivir

En la adolescencia superior existe, normalmente, cierta capacidad para convivir con los amigos. Las fases anteriores son una preparación para esa vida de amistad. Por eso resulta sorprendente y preocupante que hoy un sector muy amplio de adolescentes mayores de 17 años no posean dicha capacidad.

Estos adolescentes apenas tienen relación de tipo individual o personal entre sí. Lo habitual es la relación en grupos muy amplios y en función de un único quehacer común: divertirse.

Un ejemplo lo tenemos en los adolescentes que se reúnen una o más voces a la semana para pasar la tarde o parte de la noche en cierto tipo de discotecas.

Lo que une entre sí a estos adolescentes no es su forma de ser, sus cualidades personales, sino un único objetivo: pasarlo bien.

Para conseguir este objetivo no necesitan

CAPÍTULO 10

GERARDO CASTILLO

una afinidad espiritual entre los miembros del grupo.

Por otro lado, la actividad con la que se entretienen (tomar copas una detrás de otra; oír música estridente a todo volumen) tampoco favorece la comunicación personal. Si se observa a uno de estos grupos de adolescentes, se comprueba que sus componentes no hablan entre sí.

Algunos pasan muchas horas silenciosos y con la mirada perdida, otros se limitan a tararear, por su cuenta, la letra de una canción que repiten hasta la saciedad.

La «comunicación» se reduce a decir en voz fuerte alguna «gracia» para que la rían los demás de forma artificial y exagerada; a pedir un cigarro, etc.

Son adolescentes que acuden al bar o a la discoteca porque se aburren. Pero la actitud pasiva durante muchas horas en estos lugares aumenta aún más el aburrimiento. El objetivo de divertirse juntos no se consigue. Descubren que lo más que pueden conseguir es aburrirse juntos.

Estos adolescentes no se conocen entre sí. A voces la única información que tienen de los demás miembros del grupo de «amigos» es el nombre de pila. Y en otras ocasiones ni siquiera eso.

Estos grupos se caracterizan, por tanto, por las relaciones impersonales y por la conducta gregaria, en masa.

La forma como llenan (más bien, «matan») su tiempo libre, hace que cada miembro sea cada día aún más pasivo y más dependiente. Y la falta de convivencia y de amistad, en una edad en la que ambas son fundamentales para la estabilidad personal, deja un vacío que intentan llenar por otras vías.

¿Qué se puede esperar de adolescentes ociosos, aburridos y sin amigos?

Se puede esperar, todos los comportamientos que nos preocupan en los jóvenes de hoy:
— la obsesión por el sexo;
— las conductas agresivas y violentas;
— la delincuencia;
— la droga, el alcoholismo.

Actualmente está surgiendo una moda preocupante: chicos y chicas adolescentes que se reúnen solo para tomar bebidas alcohólicas.

Estos adolescentes han dado un «salto atrás» en su proceso de socialización y de maduración personal. Y no se encuentran, además, en disposición de dar un salto hacia adelante.

3. Influencias ambientales en la dificultad de los adolescentes para la convivencia

Planteemos, en primer lugar, una cuestión. La conducta de estos adolescentes del grupo-masa.

¿Es, en realidad un «salto atrás», un retroceso?

¿Han regresado a la fase de la pubertad o, más bien no han salido todavía de ella?

Me inclino por la segunda posibilidad. Se trata de adolescentes por el desarrollo físico, pero de púberes por el desarrollo psicológico, por la inmadurez. Se han quedado detenidos en el tiempo, en la etapa (12 a 14 años, aproximadamente) en la que aún no ha empezado la relación honda y comprometida entre dos personas que llamamos amistad.

Esta «parada en el tiempo» es, en realidad, una prolongación artificial e innecesaria de la adolescencia inicial.

López-Ibor sostiene que hoy existe una «adolescencia alargada», y que ello es «un producto adicional de la revolución industrial, y de otras revoluciones».

Este hecho ha cambiado el sentido de la adolescencia: «antes se podría considerar a la adolescencia como una fase de transición. Ahora se ha convertido en una fase del desarrollo del ser humano»[1].

Existe hoy una prolongación de la inmadurez en los adolescentes, pero las causas de este fenómeno contemporáneo son más de tipo social o ambiental, que de tipo personal. De otro modo no se explicaría la coincidencia de comportamientos en tantos adolescentes.

Los adolescentes de hoy son diferentes porque la sociedad de hoy es diferente a la de antes. Destaca López-Ibor que en la sociedad de épocas anteriores, el adolescente se adaptaba mucho más fácilmente al mundo adulto: «era una adaptación "a lo vivo", amparado en sus parientes y semejantes». Esto se explica porque «antes el mundo era limitado, familiar y estable».

Había un soporte ritual y público, y los fines sociales estaban determinados. Para dicho autor «nuestra sociedad ya no se presenta como protectora –ni tampoco como inhibidora– de la juventud. No hay brújula alguna. Por tanto, no es de extrañar que los jóvenes anden tan desorientados»[2].

---
[1] LÓPEZ-IBOR, J. J., *Alienación y nenúfares amarillos*, o. c., p. 167.
[2] *Ibíd.*, pp. 167 y 168.

CAPÍTULO 10
GERARDO CASTILLO

Se ha roto, por tanto, la continuidad histórica, el enlace de una generación con la siguiente.

Los hijos tienen ahora menos oportunidades de aprender de la generación anterior lo necesario para saber entrar en la vida adulta.

Hay, en definitiva, crisis de valores en la sociedad y falta de vida familiar.

Las familias
sin vida familiar
contribuyen
al deterioro social.

Veamos el primero de estos dos factores: *la crisis de valores*

Esta cuestión no consiste simplemente en que los adolescentes encuentren un vacío, una falta de puntos de referencia para elaborar un proyecto personal de vida que valga la pena. Hay algo más: el vacío que dejan los educadores está siendo ocupado por falsos ideólogos. Esos ideólogos están hoy a muchos padres y profesores.

No es difícil observar influencias que dificultan hoy el desarrollo de actitudes y hábitos para la

LA ORIENTACIÓN PARA LA VERDADERA CONVIVENCIA

convivencia en los adolescentes. Una de ellas es la colectivización de la vida.

Se están fomentando las conductas uniformes, las relaciones impersonales. Se sacrifica la persona al «colectivo». La persona, cada persona, debe adaptarse dócilmente a lo que en cada caso dicte el «colectivo». Y quien no lo haga así, quien pretenda pensar por su cuenta, es acusado de «insolidario».

Una segunda influencia que obstaculiza el aprendizaje de la verdadera convivencia: la idea de liberalización, entendida como libertad sin límites y sin deberes. Es la libertad sin responsabilidad, sin compromiso, desvinculada de cualquier principio moral. No es la libertad para hacer el bien, sino la libertad para satisfacer las apetencias personales sin ninguna restricción.

Esta forma de entender la libertad supone centrar la vida en los propios deseos y evitar cualquier contacto con los demás que pueda atentar contra la satisfacción de esos deseos.

Estamos ante una mentalidad egoísta e insolidaria que responde a un conocido lema: «cada uno a lo suyo».

Hoy no es infrecuente que ante una petición de

CAPÍTULO 10
GERARDO CASTILLO

ayuda de un compañero de trabajo, de un vecino, y hasta de un familiar o un amigo, se responda con frases de este tipo: «este es tu problema»; «no me compliques la vida»; «no tengo tiempo».

— «No se tiene tiempo para los demás».

Pero sí para satisfacer todo tipo de caprichos personales. Se tienen muchas horas cada semana para permanecer mudo ante la televisión, pero no para escuchar a los demás, para conversar, para dar consejo...

La cultura entendida como cultivo personal, como desarrollo de las facultades superiores del hombre en busca del bien, de la verdad y de la belleza, está perdiendo terreno en beneficio de la «cultura de masas», de la cultura impersonal.

Desde esta perspectiva, lo que importa no es aprender, saber, sino haber leído el libro más vendido, el que está de moda. Hoy la oferta del buen libro es para un mercado minoritario, mientras que la oferta masiva es la de la fotonovela, la revista frívola y los seriales de televisión.

Muchas personas, adolescentes y mayores, están siendo hoy «colonizadas» por los planteamientos reduccionistas de la cultura de masas. Son personas que funcionan con «ideas prestadas», con informaciones incompletas e interesadas, con estímulos dirigidos a la conducta meramente instintiva y emocional.

Estos adolescentes que leen poco, mal y deprisa; que no se enteran de lo que leen; que prefieren la imagen a la letra impresa; que no digieren la información que les llega cada día a través de los medios de comunicación de masas; que no tienen el hábito de «aguantar» con una frase o con una página hasta desentrañar el mensaje que encierran... Estos adolescentes prisioneros del mito de la conducta espontánea, que huyen de la reflexión... ¿estarán desarrollando actitudes positivas para la convivencia?

Concretemos un poco más:

¿Tendrán temas de conversación?

¿Sabrán preguntar, escuchar y expresarse?

¿Necesitarán el intercambio de ideas con otras personas?

¿Serán tolerantes con las personas que piensen de otro modo?

¿Serán capaces de modificar alguno de sus puntos de vista?

4. Algunas sugerencias para orientar a los adolescentes en la convivencia

El origen del problema que estamos estudiando no está, normalmente, en la edad adolescente, sino en edades anteriores. Las actitudes y virtudes convivenciales no se improvisan, sino que requieren mucho tiempo para desarrollarse. Y el ámbito más apropiado para llevarlo a cabo es el de la familia.

La familia es el ambiente en el que la convivencia es más intensa y continuada. Es en la familia donde se aprende a convivir.

Pero estas posibilidades de la familia como institución pueden realizarse o pueden perderse. Se pierden cuando no existe «vida familiar». Hoy, desgraciadamente, no existe «vida familiar» en muchos hogares. He aquí algunas manifestaciones:

— Hijos sin padres (divorciados, separados, ausentes, polarizados en el trabajo, centrados en sus caprichos personales).

— Hijos sin hermanos (como consecuencia del control de natalidad).

— Teleadicción (el excesivo consumo de televisión impide que los miembros de la familia se comuniquen entre sí).

— Padres e hijos permanecen mudos, durante muchas horas, ante la pequeña pantalla.

— Vidas separadas dentro de la familia (cada uno hace su vida, va a lo suyo. La casa es un hotel. No hay nada en común. No hay comidas en familia, sobremesas familiares, juegos en familia, oración en familia...).

La convivencia familiar está muy relacionada con la «cultura familiar». A más cultura familiar, más convivencia dentro de la familia. Por «cultura familiar» no se entiende aquí simplemente la cultura que posee cada miembro de la familia como resultado de los estudios realizados.

Cultura familiar es cultura promovida dentro de la familia, aprovechando las posibilidades que tiene la familia.

Veamos, a título de ejemplo, algunos ejemplos de cultura familiar:

— las tradiciones y costumbres de la familia;
— la decoración de la casa;
— las conversaciones y tertulias;
— las excursiones familiares;
— los libros, revistas y periódicos que entran en casa...

CAPÍTULO 10
GERARDO CASTILLO

Promoved
una cultura familiar sana.

Hay que destacar la importancia de crear un clima de lectura y enseñar a leer en cada familia. Para ello es necesario saber seleccionar los libros en función de su calidad literaria y de su valor formativo.

Hay que encontrar libros adecuados para cada edad de los hijos. La formación de una biblioteca familiar (más o menos amplia, según las posibilidades que existan en cada caso) facilita mucho la cultura en la familia. En esta biblioteca no debe faltar un buen diccionario de la lengua y una buena enciclopedia.

La cultura familiar depende mucho del ejemplo de los padres. Si los padres tienen curiosidad, afán de aprender; si los padres leen, será mucho más fácil despertar intereses culturales en los hijos.

La cultura familiar requiere que existan algunas lecturas comunes (entre padres e hijos y entre hermanos). Estas lecturas comunes serán una base para la conversación y para aprender juntos.

Serán también una oportunidad para enseñar a los hijos a leer:

— que se acostumbren a leer de modo reflexivo y con sentido crítico;
— que aprendan a descubrir el mensaje de cada texto;
— que formulen preguntas sobre lo leído;
— que, con la edad, sepan llegar a ideas o conclusiones propias después de una lectura, etc.

Promoved buenas lecturas.

La convivencia familiar está relacionada también con la participación de los hijos en la familia. Hay una participación en el hacer, que se concreta en encargos individuales y compartidos; hay una participación consultiva, que consiste en informar a los hijos de algunos aspectos de la vida familiar (por ejemplo, la situación económica) y en contar con su opinión en cuestiones que les afectan (por ejemplo, los horarios familiares).

Existe también una participación decisoria, aunque esta no suele tener sentido en la infancia, ya que los niños no tienen todavía capacidad para participar en las decisiones familiares.

La participación de los hijos en la familia es una

CAPÍTULO 10
GERARDO CASTILLO

fuente de oportunidades para convivir, puesto que requiere hablar y ayudarse en situaciones muy variadas.

***Conviene promover
la participación
en la familia.***

La educación de los hijos para la convivencia supone, además, estimular en ellos actitudes y hábitos muy concretos desde las primeras edades (virtudes humanas para la convivencia). Algunas de estas virtudes son más propias de la infancia (la sinceridad, el compañerismo o solidaridad, etcétera). Otras son más propias de la adolescencia y juventud:
— el respeto;
— la generosidad;
— la lealtad;
—la comprensión, etc.

Si los hijos desarrollan estas virtudes será más fácil que tengan verdaderos amigos y que sean buenos amigos. Se estará preparando así la futura vida de amistad.

Se podrán prevenir también algunos *problemas* frecuentes en la amistad entre jóvenes:
— las «amistades» en función solo de la diversión;

— las «amistades» superficiales que no llegan a la confidencia y el compromiso personal;
— las «amistades» solo como evasión o refugio;
— las «amistades» interesadas, que buscan, no el mutuo bien de los amigos como personas, sino la utilidad o el placer a través del amigo.

5. Algunos objetivos concretos para educar a los hijos en la vida de amistad

1. Aclarar a los hijos el concepto y las exigencias de la verdadera amistad.
2. Ayudar a los hijos a distinguir la amistad auténtica de las amistades superficiales y de conveniencia.
3. Ayudar a distinguir la amistad de otro tipo de relaciones: compañerismo, simpatía, sociabilidad, amor.
4. Ampliar la idea de amistad: apertura a nuevas personas; dar (y no solo recibir) para la mejora propia y del amigo (y no simplemente para disfrutar o divertirse); etc.
5. Presentar la amistad personal o íntima como un comportamiento entre dos personas, en función de unos valores permanentes que hay que respetar y mantener.

6. Presentar la amistad como una relación que exige un comportamiento ético recíproco y que, por tanto, requiere observar ciertas reglas y vivir algunas virtudes: sociabilidad, sencillez, respeto, pudor, comprensión, prudencia, flexibilidad, lealtad...
7. Orientar a los hijos ante posibles problemas derivados de la amistad grupal (gregarismo excesivo; conducta agresiva; etc.).
8. Orientar a los hijos ante posibles problemas derivados de la amistad personal (amistades particulares y amistades idealizadas).
9. Orientar a los hijos en el trato chico-chica, para prevenir las posibles consecuencias de una amistad íntima: noviazgo prematuro, «relaciones prematrimoniales», etc.
10. Orientar a los hijos ante los riesgos de falta de amigos y malos amigos: que sepan vencer la timidez o la comodidad; que sepan reconocer y evitar de antemano a los falsos amigos.
11. Animar a los hijos para que orienten y ayuden a sus amigos a ser mejores personas y mejores amigos.
12. Fomentar la amistad personal entre todos los miembros de la familia: entre los espo-

LA ORIENTACIÓN PARA LA VERDADERA CONVIVENCIA

sos; entre padres e hijos; entre abuelos y nietos; entre hermanos.

13. Saber hacer compatible la vida de familia con las amistades de los hijos. Flexibilidad en las normas familiares para que los hijos puedan convivir con sus amigos.
14. Tener conversaciones y lecturas comunes con los hijos relacionadas con el concepto y cualidades de la amistad.
15. Crear ambiente y situaciones atractivas en la familia para que los hijos puedan invitar a sus amigos.
16. Establecer algunas amistades comunes a padres e hijos.
17. Tener amistad (por parte de los padres) con algunos amigos de los hijos.
18. Establecer amistad entre los padres y los padres de los amigos de los hijos, con el fin de cooperar en todo lo relacionado con este tema.
19. Adquirir información a través del hijo y a través de vías indirectas acerca de cómo es su vida de amistad (quiénes son sus amigos; en qué actividades ocupa su tiempo; a qué lugares acude; etc.).

CAPÍTULO 10
GERARDO CASTILLO

20. Mostrar a los hijos ejemplos de verdadera amistad.
21. Dar ejemplo a los hijos (por parte de los padres), de tener muchos y buenos amigos.
22. Dar ejemplo a los hijos de amistad verdadera: sincera, respetuosa, leal, generosa...
23. Dar a los hijos la oportunidad de conocer personalmente a los amigos de los padres y de ver cómo es esa relación.
24. Dar ejemplo a los hijos de relación conyugal armónica y amistosa.
25. Dar la oportunidad a los hijos de corresponder a la ayuda de los padres (en forma de opinión, consejo, experiencia, etc.), creando así una relación recíproca necesaria para que pueda existir amistad entre los padres y los hijos adolescentes.
26. Tener comprensión, respeto y tacto con respecto a las amistades de los hijos, para evitar posibles conflictos.

Resumamos:

Nuestra casa
debe ser un hogar
donde hay confianza,
cariño y convivencia.

CAPÍTULO 11
LA ARMONÍA DE LAS GENERACIONES EN LA FAMILIA

La armonía de las generaciones en la familia

Los problemas que suscitan las diferencias y desigualdades entre los hombres y entre los grupos sociales, se intentan resolver hoy con mucha frecuencia con la búsqueda del **equilibrio**. Se cree que anulando esas diferencias, es decir, haciendo que los hombres y los grupos sean iguales, se resolverán todos los problemas.

Para Thibón la solución no está en el equilibrio, sino en la armonía. Para justificar esta tesis, el mismo autor analiza el significado de los dos conceptos aludidos[1].

---

[1] THIBÓN, G., *El equilibrio y la armonía*. Rialp, Madrid 1978, p. 118.

CAPÍTULO 11
GERARDO CASTILLO

Hay **equilibrio** cuando las fuerzas que actúan sobre un cuerpo se destruyen entre sí. De ese modo se consigue una situación de igualdad. Tal sucede, por ejemplo, cuando el fiel de la balanza se encuentra en el punto cero.

Hay **armonía** cuando las fuerzas opuestas no se anulan recíprocamente, sino que convergen. Esto ocurre, por ejemplo, con un instrumento musical, la lira: la justa proporción entre los diferentes sonidos de cada cuerda hace posible la belleza de la música.

La generación es el conjunto de personas que han vivido en determinada época o año. En un sentido más amplio, generación es también el conjunto de personas que se han dedicado a las mismas actividades en la misma época[2].

Cuando, por ejemplo, se habla de «conflicto de generaciones» se está aludiendo, por una parte, a un conjunto de adultos y, por otra, a un conjunto de adolescentes. Cada uno de estos dos conjuntos tiene algo en común que es lo que precisamente le

---

[2] Cfr. GER (Gran Enciclopedia Rialp), voz «generación», tomo X, p. 747.

LA ARMONÍA DE LAS GENERACIONES EN LA FAMILIA

separa del otro conjunto: la época en la que sus componentes han nacido.

Adultos y adolescentes pertenecen a épocas históricas diferentes. Entre ellos existe tanto una distancia psicológica como una distancia histórica: son de otra generación.

1. Algunas causas de la disarmonía entre los padres y los hijos adolescentes

Entre las generaciones puede haber armonía o disarmonía. Lo primero no se logra sin un esfuerzo de aproximación por ambas partes. Existen, por otro lado, diversos factores que favorecen y dificultan la armonía generacional.

Si situamos la cuestión en el ámbito de la familia, nos encontramos con tres generaciones que deben aprender a vivir y relacionarse de forma armónica: los hijos adolescentes, los padres y los abuelos. Consideremos en primer lugar la comunicación entre los adolescentes y sus padres.

Una clara manifestación de disarmonía entre la generación de los padres y la de los hijos adolescentes son los conocidos conflictos.

¿Por qué se producen estos conflictos?

El posible conflicto se explica, en principio,

CAPÍTULO 11
GERARDO CASTILLO

por la distancia que existe entre los jóvenes y los adultos. Es una distancia triple: biológica, psicológica y generacional. Los separa no solo la edad y la forma de pensar, sino también el hecho de pertenecer a otra época histórica. Los adultos están más centrados en el pasado y tienden a «conservar», mientras que los jóvenes están más interesados en el presente y en el futuro y tienden a innovar.

Para que haya conflicto entre padres e hijos se requiere, normalmente, la interacción de tres tipos de factores que se realimentan entre sí:

— En primer lugar ciertos rasgos de inmadurez en la personalidad del adolescente.

— En segundo lugar, algunas actitudes negativas por parte de los padres.

— Por último, determinadas influencias negativas del ambiente.

La personalidad inmadura del adolescente es una permanente fuente potencial de conflictos. Las actitudes disfuncionales de los padres con respecto a las necesidades psicológicas de los hijos adolescentes son, frecuentemente, la «chispa» que provoca la explosión, es decir, el conflicto. Así, por ejemplo, cuando los padres se limitan a

reaccionar ante las molestias o contrariedades que les ocasiona la forma de ser o de actuar de sus hijos adolescentes, es decir, cuando se dejan llevar por el amor propio herido, suelen producirse efectos en cadena. El proceso puede describirse del siguiente modo:

1) impertinencia del hijo;
2) irritación de los padres;
3) mayor impertinencia del hijo;
4) mayor irritación de los padres...

Esta colisión de la postura de los padres con la de los hijos adolescentes no siempre se manifiesta abiertamente. En ciertos casos no se observan enfrentamientos ni riñas, pero sí un ambiente de tensión contenida o de indiferencia aún más preocupante que el de los conflictos abiertos.

Decía que el tercer elemento del conflicto es el ambiente. El ambiente social puede contribuir, en ciertos casos, a que surjan posturas incompatibles entre padres e hijos.

Por ejemplo, la manipulación de algunos principios básicos para entender la convivencia (autoridad, libertad, etc.) hace más difícil hoy comprender qué es ser un buen padre y qué es ser un buen hijo.

CAPÍTULO 11
GERARDO CASTILLO

El hijo adolescente es fuente potencial de conflictos porque entiende de forma radical o extremista sus nuevas necesidades (ser yo mismo; valerme por mí mismo; tener éxito, etc.). En su desmedido afán de ser diferente, original y libre, el adolescente cae en el dogmatismo y la utopía. Para él, por ejemplo, la libertad es absoluta, sin ningún tipo de condicionamiento o limitaciones. Si los padres prohíben justamente algo dirá que están atentando contra su libertad.

Entiende la libertad y la rebeldía solamente en función de los propios derechos, con olvido de los correspondientes deberes. En estas condiciones le resulta muy difícil aceptar la autoridad y la obediencia.

Las actitudes negativas o disfuncionales de muchos padres surgen a raíz del desconcierto producido por la transformación de la forma de ser y de comportarse de su hijo.

Durante alrededor de doce años los padres hemos sido el modelo e incluso los ídolos de los hijos: nos lo preguntaban todo; nos pedían ayuda; querían parecerse a nosotros; les gustaba estar con nosotros... Pero con la llegada de la pubertad se produce un «cambio de decoración» radical:

dejan de pedirnos ayuda; pasan la mayor parte de su tiempo libre fuera de casa; rehuyen nuestra presencia.

Tenemos así la impresión de que ya no nos necesitan. Hemos dejado de ser el centro de sus vidas. El lugar que hemos perdido lo ocupan ahora los amigos de nuestros hijos.

Algunos padres se resisten a este alejamiento de los hijos. Quieren seguir siendo imprescindibles en su vida, usan la autoridad de forma arbitraria, en un intento de dominar al hijo, de que no se les «escape de las manos». Pero solo obtienen resultados opuestos a sus deseos: cuanto más pretenden «sujetarle» menos lo consiguen. Las actitudes proteccionistas y autoritarias de los padres solo sirven para desencadenar el conflicto con sus hijos adolescentes.

El conflicto se manifiesta de modo preferente en ciertos temas y situaciones:
— los estudios;
— el dinero;
— las reglas y costumbres de la familia;
— la forma de vestir;
— el uso del tiempo libre.

Dentro de este último aspecto suelen ser motivo

CAPÍTULO 11
GERARDO CASTILLO

de discrepancia las lecturas, la televisión, las diversiones y los amigos.

El nacimiento de la amistad en la adolescencia supone que la familia no es ya la única influencia importante en la vida de los hijos. A partir de este momento los amigos influyen tanto o más que los padres. Esta doble influencia se convierte así en una fuente potencial de conflictos entre padres e hijos adolescentes.

2. Cómo se logra la armonía entre padres e hijos adolescentes

La primera condición para obtener armonía entre padres e hijos adolescentes es buscarla. Padres e hijos deben saber en qué consiste la armonía y cuáles son sus posibilidades. Unos y otros deben preferir la armonía a la simple relación de equilibrio. El equilibrio entre las dos posturas no resuelve el conflicto. Solo sirve para mantenerlo latente y para complicarlo.

Hay una relación de equilibrio cuando padres e hijos intentan anular las diferencias que les separan. Los padres, por ejemplo, imitan la conducta y costumbres de sus hijos; rebajan el nivel de exigencia; llegan a la familiaridad o exceso de confianza; pretenden ser «amigos» de sus hijos a base de concesiones. Los hijos, a su vez, se toman atribuciones en la vida familiar que no les corresponden y quieren influir al mismo nivel que sus padres.

Existe, igualmente, simple relación de equilibrio cuando cada una de las dos partes (padres e hijos adolescentes) lucha para mantener sus derechos (o sus caprichos). Cada parte se esfuerza en recuperar su poder e influencia en la familia cada vez que lo pierde.

El equilibrio en la relación padres-hijos adolescentes se obtiene, otras voces, de forma «negociada». Sobre la base de que cada parte mantiene su postura, se establecen (de forma abierta o tácitamente) algunas reglas de juego que evitan las colisiones frontales. Por ejemplo: no hablar de ciertos temas; hacer la «vista gorda» en ciertos comportamientos; repartirse zonas de influencia. Se establece así una «coexistencia pacífica» similar a la que existe entre algunas naciones. El antagonismo sigue, pero está «controlado».

Otro procedimiento usado para afrontar las distancias que separan a los padres de sus hijos adolescentes por medio del equilibrio es la intimida-

CAPÍTULO 11
GERARDO CASTILLO

ción. Cada parte trata de infundir miedo a la otra con posibles represalias si no consigue lo que quiere.

Los padres, por ejemplo, amenazan a sus hijos con retirarles la «paga» o asignación de dinero para gastos personales.

Los hijos amenazan con irse de casa.

Es el «equilibrio del terror».

Padres e hijos deben buscar no la convivencia obligada y reducida a simple formalidad, sino la convivencia voluntaria y sincera. Pero esto exige ser optimistas: creer que es posible; esperar algo positivo de la otra parte. Unos y otros deben aprender a conjugar sus diferencias, en vez de oponerlas entre sí.

¿En qué consiste esta conjugación de las diferencias?

En primer lugar, en descubrir la relación que existe entre lo que quiere cada parte; en averiguar qué es lo común a las dos posturas. Normalmente las posiciones de padres e hijos están menos distantes de lo que parece a primera vista. Gran parte del problema suele ser un problema de lenguaje, es decir, de no haber captado a través de la expresión del otro sus verdaderas intenciones.

En segundo lugar, se trata de centrar la comunicación padres-hijos adolescentes en lo que les une, y no en lo que les separa.

En tercer lugar, hay que saber aprovechar las posibilidades que la otra postura tiene para los propios fines.

Esta aproximación de las posturas distantes por medio de la armonía puede concretarse en actitudes como las siguientes:

— que el padre vea y acepte que la rebeldía de sus hijos adolescentes permite desarrollar (si se sabe orientar) cualidades personales incluidas en los objetivos educativos de la familia;

— que el padre descubra que los amigos de sus hijos pueden ser colaboradores de la acción educativa de la familia;

— que el hijo descubra que la exigencia de los padres es una valiosa ayuda para su falta de voluntad;

— que el hijo vea que la autoridad y el buen ejemplo de los padres es una forma de rebeldía.

Quizá el mejor medio para lograr la armonía entre padres e hijos adolescentes sea la amistad. Los

CAPÍTULO 11
GERARDO CASTILLO

amigos poseen un ideal común, pero tienen una forma de ser diferente. La diferencia entre dos amigos enriquece a ambos: porque son diferentes en algo, cada uno puede aportar algo al otro y aprender algo del otro.

Este tipo de sugerencias para prevenir y/o superar los conflictos generacionales pueden concretarse en lo siguiente:

— que padres e hijos adolescentes establezcan conjuntamente las «reglas de juego» a tener en cuenta en diferentes situaciones que suelen ser ocasión de conflicto. «Reglas de juego», por ejemplo, con respecto al uso de la televisión y del dinero. La participación previa de los hijos fomentará sus responsabilidades; los criterios acordados serán un respaldo para los padres;

— que padres e hijos adolescentes analicen conjuntamente, en un clima de diálogo, cada conflicto surgido, comprobando si unos y otros siguieron o no las reglas establecidas previamente.

CAPÍTULO 12
LA AMISTAD ENTRE PADRES E HIJOS ADOLESCENTES

La amistad entre padres e hijos adolescentes

Dificultades de la amistad entre padres e hijos adolescentes

Cuando se sostiene que la educación plena requiere la amistad entre el educador y el educando; cuando se considera que la relación educativa debe ser una relación de amistad, surge una duda que es preciso resolver:

¿Hasta qué punto es posible la amistad entre dos personas de edad tan diferente?

¿Pueden ser amigos entre sí los adultos y los adolescentes del mismo modo que las personas de la misma edad?

CAPÍTULO 12
GERARDO CASTILLO

Conviene preguntar qué posibilidad tienen de ser amigos entre sí los mayores y los adolescentes, porque una condición fundamental de la amistad es la *semejanza* entre las dos personas unidas por este vínculo. Santo Tomás señala que la semejanza entre el amante y el amado es condición necesaria del amor de benevolencia. Los amigos se asemejan en lo que quieren y en lo que sienten: «es propio de los amigos el querer y el no querer las mismas cosas, y alegrarse y dolerse con lo mismo»[1].

Hay que precisar, sin embargo, que la afinidad espiritual entre los dos amigos ni puede ni necesita ser total. Algunas divergencias incluso pueden reforzarla, siempre que sean accesorias. Los amigos lo son no *a pesar* de sus diferencias, sino en función tanto de su semejanza como de su diferencia. Una y otra constituyen dos fuerzas en movimiento que hacen posible el dinamismo de la amistad.

Cuando se analizan casos ejemplares de amistad, relaciones amistosas auténticas y que duran toda la vida, se observa, por una parte, que los dos

---
[1] Santo Tomás, *Summa contra Gentiles,* 152; I-II, q. 28 a. 2.

amigos tienen un ideal común, pero, por otra, que son dos personalidades diferentes que tratan de recorrer el camino de la vida complementándose entre sí. La diferencia entre los amigos enriquece a ambos; porque son diferentes en algo, cada uno puede aportar algo al otro y aprender algo del otro.

Cada amigo es siempre superior en algún aspecto a su amigo. Es superior por ser *alguien*, por ser una realidad singular, peculiar, que no puede ser reducida a otra realidad. Es superior por ser persona.

La admiración y fascinación ante la superioridad moral del otro en algo, ¿no será uno de los «detonantes» que pone en marcha una relación de amistad?

Nos encontramos así con que cierta diferencia o desigualdad es posible e incluso necesaria en la amistad. Pero a esto hay que añadir que la vida de amistad puede y debe reducir la distancia entre dos amigos cuando esta última es excesiva.

Esta tesis fue defendida ya por Aristóteles. Se preguntaba el filósofo griego si podía haber amistad entre personas que se encuentran en un plano diferente, por razones de edad, de posición económica o de cultura. Contestaba diciendo que consistiendo más la amistad en querer que en ser querido, es de ese modo como las desigualdades pueden igualarse y ser amigos[2].

Creo que las precisiones que se acaban de hacer ayudan a comprender por qué hay bastantes casos reales de amistad entre adultos y adolescentes. Estas razones sirven, en mi opinión, para dejar de ver la diferencia de edad como un obstáculo insuperable para la vida de amistad.

Al llegar a este punto me atrevo a establecer dos conclusiones:

La primera es que la amistad entre adultos y adolescentes es difícil (puesto que, en principio, ni quieren las mismas cosas ni se alegran con lo mismo), pero ello no hace que sea imposible.

La segunda es que tal dificultad es de hecho mucho menor cuando los adultos poseen ciertas cualidades personales y saben comunicarse con los adolescentes.

La ausencia de esta capacidad contribuye mucho más que la distancia generacional en sí misma a que la amistad entre unos y otros sea infrecuente.

---

[2] ARISTÓTELES, *Ética a Nicómaco*. Libro VIII, n. 1.158 b, p. 130.

LA AMISTAD ENTRE PADRES E HIJOS ADOLESCENTES

Condiciones para la amistad entre padres e hijos adolescentes

Los adolescentes sienten admiración por los adultos que son coherentes en su comportamiento habitual. Los adolescentes valoran mucho la fidelidad a los propios principios y censuran fuertemente, en cambio, la contradicción sistemática entre lo que se dice y lo que se hace. Para ellos esto último es una hipocresía intolerable.

El adulto necesita tener prestigio ante los adolescentes, porque la admiración es una vía necesaria para llegar a la amistad. Pero ello no es suficiente. Se necesita también saber adaptarse al mundo de los adolescentes.

Naturalmente, el adolescente debe evitar, a su vez, la autosuficiencia y el desprecio hacia la experiencia de los mayores. Facilitará la relación de amistad si hay en ella deseo sincero de aprender y mejorar. A ello debe unirse la humildad necesaria para dejarse guiar en algunas cuestiones por quienes han recorrido un mayor trecho en el camino de la vida.

De unos y otros (mayores y adolescentes) se espera que, sin dejar de ser personas de su edad y de su tiempo, sepan abrirse a la edad y al tiempo que ya no es o que todavía no es el suyo.

CAPÍTULO 12
GERARDO CASTILLO

Los adultos (los padres en este caso) que aspiran a ser amigos de los adolescentes deben evitar limitarse a ser útiles para sus hijos, pues se exponen a que estos últimos los vean solo como un instrumento para conseguir cosas. Estos padres desaprovechan así sus mejores posibilidades para llegar a la amistad con los hijos adolescentes: transmitirles experiencias, hacerles confidencias, pedirles opinión y ayuda, hacerles pensar a través de la pregunta...

Los hijos adolescentes siguen necesitando a sus padres (aunque no siempre sean conscientes de ello o aunque carezcan de la humildad y sencillez necesarias para reconocerlo). Pero los necesitan no solo para recibir algo de ellos, sino también para darles algo de sí mismos.

Es un error esperar de los hijos solamente correspondencia pasiva, es decir, obediencia. Es preciso concederles oportunidades para que puedan hacer con sus padres algunas de las cosas que hacen con sus amigos: opinar, aconsejar, hablar de cualquier tema con libertad, ayudar...

Muchos padres intentan que sus hijos les confíen sus preocupaciones personales sin hablarles nunca de sí mismos. Otros padres dan muchos

LA AMISTAD ENTRE PADRES E HIJOS ADOLESCENTES

consejos sin pedir ninguno a cambio. Olvidan que la amistad es recíproca:

La amistad es una «relación de ida y vuelta».

Nunca será fácil que los padres sean amigos de sus hijos adolescentes. Pero puede lograrse si hay verdadero empeño y se ponen los medios necesarios:

Aconsejo siempre a los padres que procuren hacerse amigos de sus hijos.

Se puede armonizar perfectamente la autoridad paterna, que la misma educación requiere, con un sentimiento de amistad, que exige ponerse de alguna manera al mismo nivel de los hijos.

Los chicos –aun los que parecen más díscolos y despegados– desean siempre ese acercamiento, esa fraternidad con sus padres.

CAPÍTULO 12

GERARDO CASTILLO

La clave suele estar en la confianza: que los padres sepan educar en un clima de familiaridad, que no den jamás la impresión de que desconfían, que den libertad y que enseñen a administrarla con responsabilidad personal[3].

Ponerse al mismo nivel permite conseguir ese margen de igualdad o semejanza que exigen la relación de amistad.

No consiste en «olvidarse» de que se es adulto y padre, sino en escuchar a cada hijo intentando comprender su punto de vista; en valorar lo que dice y hace; en aprender de él. En definitiva, en verle como persona, en tomarle en serio.

Fiarse de los hijos es una condición necesaria para que a su vez ellos se fíen de los padres y les hablen de cuestiones de tipo personal. No existe auténtica amistad sin credibilidad. Cada uno de los dos amigos cree en el otro, se fía de él.

Conviene precisar, por último, que el tipo de amistad que cabe entre padres e hijos, nunca será igual que el tipo de amistad que tienen las personas de la misma o parecida edad entre sí.

---

[3] Cfr. ESCRIVÁ DE BALAGUER, J., *Conversaciones con Mons. Escrivá de Balaguer,* nº 100. 17ª ed. Rialp, Madrid 1989.

LA AMISTAD ENTRE PADRES E HIJOS ADOLESCENTES

No puede haber tanta afinidad espiritual, porque hay menos intereses en común y distinta mentalidad.

No puede existir la misma intimidad, porque la autoridad de los padres suele dificultar el ejercicio de la confidencia.

No puede haber, por último, igual oportunidad de hacerse mutuamente el bien, de ayudarse, porque los mayores suelen limitarse a dar y los adolescentes suelen limitarse a recibir.

La conclusión final es que puede haber amistad entre adultos y adolescentes si se dan las condiciones señaladas, pero no fuera de ellas.

Es verdad que, en el mejor de los casos, será un grado menor de amistad (menos afinidad, menos intimidad, menos ayuda mutua) que el que normalmente se da entre las personas no distanciadas por razones de edad. Pero este grado de amistad es una meta que vale la pena, porque es lo que permite –como ya se ha dicho– que la relación educativa alcance su plenitud.

Habrá situaciones en las que esa meta de la amistad entre adultos y adolescentes sea especialmente difícil y hasta imposible. Lo que procede entonces es intentar conseguir, al menos, una relación de confianza mutua y de comunicación afectiva o simpatía entre unos y otros.

Veamos esta cuestión a nivel práctico: ¿cómo puede un padre hacerse amigo de un hijo adolescente? Cabe sugerir lo siguiente:

— dedicando *tiempo*, de modo habitual, a su hijo. Tiempo sin prisas. Tiempo de hacer algo juntos y de *conversar* con ocasión de lo que hacen. (La amistad requiere que las personas se conozcan entre sí como personas. Requiere trato personal a lo largo del tiempo);

— desarrollando en sí mismo algunas cualidades necesarias para la relación de amistad: apertura al hijo, sinceridad, afabilidad, saber escuchar, saber comprender (viendo las cosas como el otro las ve);

— planteando la relación sin utilitarismo, sin instrumentalizarla para fines particulares. Debe ser «afecto desinteresado» y amor de benevolencia (querer el bien del hijo como persona);

— creando situaciones o aprovechando las que ya existen para convivir de modo personal con el hijo y favorecer así sentimientos positivos entre ambos. Por ejemplo: estudiar juntos un segundo idioma, acompañar al hijo de vez en cuando a algún partido del deporte que practica;

— contando algunas preocupaciones personales al hijo y pidiéndole su opinión o consejo. Saber apreciar esta ayuda del hijo. Que vea que el padre lo hace por necesidad personal, y no como un truco;

— creando una relación de confianza con el hijo. Que se sienta cómodo con su padre (o con su madre). Que sepa que puede hablar de todo con libertad, sin temor al efecto que ello puede causar en quien lo escucha;

— tratando al hijo con mucho cariño. Que note día a día que el padre (o la madre) le quiere de verdad, mostrarlo con detalles: palabras amables, sonrisas, etc.;

— respetando su intimidad. Sin pretender entrar en temas que no debe hablar con sus padres (o que debe pero no quiere en ese momento);

— respetando el modo de ser y de expresarse del hijo. Respetando también sus silencios. No conviene presionar para que el hijo hable.

CAPÍTULO 12

GERARDO CASTILLO

Preguntas y respuestas

P.– ¿Cómo despertar el interés de los hijos adolescentes hacia los valores verdaderos en ambientes permisivos y consumistas?

R.– En primer lugar con el buen ejemplo de sus padres: dándoles ejemplo de sobriedad, de templanza, de fortaleza, etc., en situaciones concretas. Este es el mejor procedimiento para hacer atractiva la virtud a los hijos adolescentes.

En segundo lugar relacionando la conducta virtuosa con la rebeldía responsable. Rebelarse en función de ideales auténticos, de lo que vale la pena, de lo que hace al hombre más libre (y no en función de lo que hace al hombre más dependiente y más egoísta).

En tercer lugar, fomentando la relación habitual con buenos amigos y con buenos libros. Los verdaderos amigos buscan el bien de sus amigos (su mejora como personas) y esperan correspondencia; los buenos libros transmiten mensajes relacionados con la Verdad, el Bien y la Belleza, y son un medio fundamental para llegar a ser personas cultas, cultivadas interiormente.

En cuarto lugar favoreciendo que los hijos frecuentan buenos ambientes durante el tiempo libre (por ejemplo, algún club juvenil).

P.– ¿Cuál es el papel de los padres con respecto al uso del tiempo libre por parte de los hijos adolescentes?

R.– Los padres marcan la tónica en su familia usando bien su propio tiempo libre: padres siempre ocupados (el ocio es cambio de actividad y no ociosidad); padres que saben aprovechar su tiempo libre para la propia formación cultural, profesional, doctrinal religiosa; padres que intensifican la vida familiar en su tiempo libre, etc.

Los padres deben evitar que su tiempo libre sea un espacio acotado de vida permisiva. Ello supondría mantener una «doble vida» y una «doble moral», lo que sería un mal ejemplo que perjudicaría mucho a los hijos.

Los padres deben exigir y orientar a sus hijos adolescentes con respecto al uso del tiempo libre siguiendo buenos criterios. Por ejemplo:

— que estén siempre ocupados;
— que tengan un horario (en fines de semana y vacaciones);
— que cualquier cosa que hagan la hagan bien (por ejemplo, coleccionar sellos);

CAPÍTULO 12

GERARDO CASTILLO

— que piensen en los demás, con detalles de servicio, y no solo en sí mismos;
— que no reduzcan el tiempo libre a la diversión;
— que no ocupen la mayor parte de su tiempo libre viendo la televisión;
— que lean buenos libros, cultiven aficiones y hagan deporte;
— que hagan vida de familia.

P.– ¿Qué actitudes de los padres favorecen más la comunicación con sus hijos adolescentes?

R.– Son prácticamente innumerables, aunque cabe destacar las siguientes:

— confiar en el hijo, fiarse de él, que vea que esperamos su buena conducta;
— explicarle por qué se le pide o por qué se le prohíbe hacer ciertas cosas: darle razones;
— escuchar atenta y pacientemente sus puntos de vista, aunque sean opuestos a los puntos de vista de los padres;
— permitirles que adopten decisiones personales y que hagan cosas por sí mismos;
— respetar su intimidad, evitar intromisiones en su vida íntima (por ejemplo, no leer sus cartas, no escuchar sus conversaciones telefónicas con los amigos);

LA AMISTAD ENTRE PADRES E HIJOS ADOLESCENTES

— saber aprender de los hijos: pedirles opinión sobre ciertos temas; pedirles consejo, etc.;
— tratarles como a personas mayores y no como a niños. Equivale a «tomarles en serio», a tenerles en cuenta, a contar con ellos a la hora de adoptar decisiones importantes en la familia;
— comprenderles: saber ver las cosas como ellos las ven; adaptarse a la edad y situación en la que se encuentra cada hijo;
— ser pacientes con ellos: no esperar resultados a un plazo demasiado corto.

P.– ¿Qué deben hacer los padres cuando un hijo adolescente tiene un mal amigo?

R.– En primer lugar conviene que los padres se aseguren de que se trata de un «mal amigo». No es infrecuente que los padres se dejan llevar, en esta cuestión, por prejuicios y apariencias.

«Mal amigo» no es necesariamente el que «cae mal» a los padres, sino el que con su conducta influye en la mala conducta del hijo.

Si se ha comprobado que efectivamente se trata de un «mal amigo», se le puede decir abiertamente, pero es preferible que lo descubra él mismo dialogando con los padres sobre el tema

CAPÍTULO 12

GERARDO CASTILLO

de la amistad. Por ejemplo, a partir de la siguiente cuestión: ¿cuál es la diferencia entre el verdadero amigo y el falso amigo?

En ocasiones será útil contar con la ayuda de otra persona para que hable con el hijo (un preceptor, una persona que es amiga tanto de los padres como del hijo).

Todo ello sin olvidar que en algunos casos es bueno aconsejar a un hijo que siga con un mal amigo con el fin de ayudarle a mejorar. De este modo se fomentan virtudes en el hijo (ya que para ayudar a su amigo debe darle buenos ejemplos). Pero esto vale solo para ciertos casos, cuando se considere que el hijo está en condiciones de influir positivamente en su amigo y de no ser influido por él.

PARA PENSAR PARA ACTUAR...

Para recordar...

Los padres deben promover una verdadera cultura familiar a partir de su propio ejemplo. Es importante –en este sentido– crear ambiente de lectura en casa. Los hijos necesitan ver que sus padres leen mucho; también que no leen cualquier cosa que cae en sus manos, sino únicamente lo que vale la pena tanto por su calidad literaria como por su buena orientación moral.

Para pensar...

Piensa en cómo puedes integrar en la familia a un hijo adolescente con esta mentalidad: «la casa es de los padres». ¿Qué podrías hacer para que entienda que la casa es de todos?

Para leer...

Leer el capítulo 7 del siguiente libro: Gerardo Castillo, *Preparar a los hijos para la vida.*
Col. Hacer Familia, nº 16, Ed. Palabra.
Tema: Que sean buenos hijos.

Para hablar...

Tema a hablar entre los padres:
¿Es posible la amistad entre los padres y sus hijos adolescentes? Aclarar por qué sí o por qué no. En caso afirmativo: ¿qué condiciones requiere la amistad padres-hijos?

Tema para hablar con un hijo adolescente:
Los hijos que retrasan la emancipación del hogar. ¿Es una conducta aceptable o inaceptable? (explicar por qué sí o por qué no).

Para actuar...

Objetivos de Planes de Acción:

— Conseguir que el hijo adolescente se conozca mejor a sí mismo en lo referente a capacidades y limitaciones personales.

— Conseguir que las diferencias en la forma de pensar no incomuniquen entre sí a padres e hijos adolescentes, sino que sean materia para el diálogo y el enriquecimiento mutuo.

UN PLAN DE ACCIÓN
La familia Ramírez

SITUACIÓN:

La familia Ramírez tiene 3 hijos: Santiago con 7 años y dos adolescentes: Gabriela de 13 y Juan de 15. Sus padres, Luis y Ana, se casaron hace 17 años, él es médico y ella su enfermera en su consulta privada. Ambos asisten a una escuela de familias y están estudiando un libro sobre la comunicación en la familia. Juan llevaba unos meses insoportable, se peleaba con sus hermanos pequeños por cualquier cosa, insultaba a Gabriela y plantaba cara a su madre por cualquier motivo, sus voces eran oídas por toda la casa como algo normal. Aquella noche era sábado, Ana y Luis se quedaron hablando de los hijos como era normal en ellos. Había que tomar medias.

Su padre tendrá una conversación seria con Juan, le expondrá su postura y no admitirá soluciones a medias. Juan debía portarse bien en su casa. Se han propuesto mejorar el carácter de Juan que está creando problemas en la comunicación familiar.

OBJETIVO:

Mejorar la comunicación en la familia.

MEDIOS:
Fueron al colegio de Juan y hablaron con su profesor, Juan era un chico normal en clase y se llevaba bien con sus amigos. La actitud en casa, según el profesor era debida al cambio de edad, la necesidad de encontrarse a sí mismo, ganar independencia, hacerse notar.
Con el fin de mejorar la comunicación en la familia, también decidieron establecer encargos para todos.

MOTIVACIÓN:
En una tertulia de los domingos se habló de la conveniencia de ayudarnos unos a otros y colaborar en las ocupaciones de la familia, no basta saber que nos queremos mucho, es necesario demostrarlo. Luis propuso una serie de encargos que podían funcionar mejor y les dio libertad para que cada uno propusiese en qué le gustaría colaborar por una familia más unida, por la noche cada uno daría sus propuestas, la idea se recibió con ilusión por todos menos por Juan, que estuvo más serio, su padre habló a solas con él, y le pidió su colaboración, Juan le dijo que pensaría cuál podría ser su aportación.
Respecto al tema del carácter de Juan, Luis escogió un sábado por la tarde para hablar con Juan, le invitó al fútbol. Le habló de la

necesidad del cambio de actitud en casa con sus hermanos y con su madre. Apeló a que era de justicia y lealtad a los suyos. Una familia unida y solidaria era la forma de sentirse todos bien y ser felices. Le habló muy serio y no le admitió continuar igual. Si no cambiaba después del verano se podía despedir de salir con sus amigos los fines de semana.

HISTORIA:
Ese día cenaron más pronto y después de la cena cada hijo propuso su encargo a falta de aprobarlo por los padres.
Todos se esforzaron en cumplir, hubo algún descuido que otro pero cuando se recordó el encargo la disposición a hacerlo fue buena, durante las tres semanas que llevamos con los encargos las tertulias de los fines de semana fueron mucho más animadas.
A Juan le costó cambiar, la primera semana se enfadó con sus hermanos e insultó a Gabriela, con su madre se portó bien. Luis le llamó la atención, le pidió perdón, la mejora fue poco a poco. Luis tuvo paciencia, han pasado dos meses y Juan es otro.

RESULTADO:
Es un Plan de Acción de Futuro respecto a los hermanos y de pasado respecto a Juan, era una

forma de mejorar la comunicación en la familia, salió muy bien. Respecto a Juan, el padre sabía hacerlo y lo hizo muy bien. Escogió un buen momento, le habló muy claro, y demostró que no admitía seguir igual. Juan se dio cuenta y cambió. Las dificultades de Juan son normales en su edad y al final reaccionó, los padres supieron hacer un buen planteamiento.

GUÍAS DE TRABAJO INDIVIDUAL — Nº 35

TUS HIJOS ADOLESCENTES

Guía de trabajo individual

Nº 35 A

TUS HIJOS ADOLESCENTES

Comprende los capítulos 1, 2 y 3.

OBJETIVOS:
— *Promover la virtud de la Fortaleza.*
— *Ejercer la autoridad - servicio.*
— *Descubrir los problemas de cada adolescente.*

TRABAJO INDIVIDUAL:
1º - Una lectura rápida y otra lenta marcando lo importante.
2º - Apuntar las dudas que surjan en la interpretación del texto.
3º - En el adolescente la virtud de la Fortaleza es básica para ayudarle a vencer las dificultades sin desanimarse. Los padres deben de crear un ambiente familiar de exigencia que facilite el desarrollo de la Sobriedad, Reciedumbre y Fortaleza. Leer detenidamente el apartado 5 del capítulo 3 y hacer dos Planes de Acción concretos con cada hijo adolescente.

4º - Lee nuevamente el caso: «Creo que he fracasado» (apartado 7 del capítulo 3). Repasa los comentarios del caso, especialmente el apartado 8 del capítulo 3. Analiza tu situación como padre o madre y entre los seis puntos que se analizan haz un Plan de Acción con tus hijos que corrija algún problema existente o mejore alguna situación.

5º - Los hijos adolescentes necesitan ser exigidos, orientados y corregidos en su conducta. Todo esto pertenece al ejercicio de la autoridad. Haz un Plan de Acción que refuerce tu autoridad y ayude a tu hijo a mejorar (revisa el capítulo 3, apartado 9).

TRABAJO EN GRUPO:

1º - Tratar de aclarar las dudas de interpretación que hayan surgido al leer el texto.

2º - Comentar y sacar conclusiones sobre las ventajas y las dificultades que supone educar en la base de «Alabar» lo que hacen bien y «Corregir» con delicadeza y cariño las equivocaciones. Enfocarlo como base del ejercicio de la autoridad-servicio.

3º - Comentar los Planes de Acción realizados respecto a los puntos 4º y 5º del trabajo individual. Educar en: Sobriedad, Reciedumbre y Fortaleza. Ejercer la Autoridad-servicio.

4º - Aportar otros Planes de Acción realizados y no referidos a este libro.

5º - Seleccionar los tres mejores Planes de Acción aportados en esta sesión.

6º - Recordar entre todos los asistentes: Para que un grupo de trabajo funcione con eficacia debe de tener 10 matrimonios. Comentar las ventajas de ser 10. Si en el grupo no son 10 matrimonios, adoptar las medidas oportunas para conseguirlos en breve plazo.

7º - Trabajo opcional: Dar 5 minutos para leer individualmente el Caso: «Creo que he fracasado», apartado 7 del capítulo 3. Analizar hechos positivos y aportar otros consejos positivos para dar a los padres.

Guía de trabajo individual

Nº 35 B

TUS HIJOS ADOLESCENTES

Comprende los capítulos 4 al 8.

OBJETIVOS:
— *Promover las actitudes de rebeldía y crítica positiva.*
— *Evitar actitudes pasotas.*
— *Reforzar la conciencia moral.*

TRABAJO INDIVIDUAL:

1º - Una lectura rápida y otra lenta marcando lo importante.

2º - Apuntar las dudas que surjan en la interpretación del texto.

3º - Un problema básico de muchos adolescentes de hoy es la pérdida de la actitud de crítica positiva, de rebeldía y el conformismo. Debemos ayudarles a descubrir los valores verdaderos. Estudia los Planes de Acción que te propone Gerardo en el capítulo 4 apartado 3 y haz algún Plan de Acción concreto para tus hijos.

4º - El pasotismo es hoy una plaga, consecuencia de una voluntad débil. Ayuda a tus hijos a conocer la «riqueza interior» que encierra una voluntad fuerte y sana. Haz un Plan de Acción, por cada hijo adolescente, para mejorar su actitud ante la vida (capítulo 7, apartado 3).

5º - La educación es un proceso de mejora personal para la plenitud del ser humano. Un objetivo es ayudar a los hijos a no ser víctimas fáciles de manipulaciones en valores. Revisa el capítulo 8 apartado 5, y haz un Plan de Acción; es muy importante que los hijos tengan una conciencia moral correcta. Compruébalo conversando con ellos.

TRABAJO EN GRUPO:
1º - Tratar de aclarar las dudas de interpretación que hayan surgido al leer el texto.
2º - Es muy importante conversar con los hijos, en un clima de confianza y cariño, de temas que despierten su interés personal y puedas ayudarles a formarse. Enumerar algunos temas concretos que os han servido de base para hablar con vuestros hijos.

GUÍA DE TRABAJO INDIVIDUAL

3º - Comentar los Planes de Acción realizados en los puntos 3º, 4º y 5º del trabajo individual, especialmente los relacionados con:
— Evitar el pasotismo.
— Crear una conciencia moral recta.
4º - Aportar otros Planes de Acción realizados y no referidos a este libro.
5º - Seleccionar los tres mejores Planes de Acción aportados en esta sesión.
6º - Recordar entre todos los asistentes: «La Educación Eficaz», poner ejemplos de objetivos de Planes de Acción relacionados con la edad de los hijos del grupo.
7º - Trabajo opcional: Dar 5 minutos para leer individualmente: «Los problemas de Ricardo», capítulo 4 apartado 7. Analiza los hechos positivos y aporta otros consejos positivos para dar a los padres.

Guía de trabajo individual

Nº 35 C

TUS HIJOS ADOLESCENTES

Comprende los capítulos 9 al 12.

OBJETIVOS:
— *La mejora personal del adolescente.*
— *Valorar la amistad verdadera.*
— *Potenciar la amistad entre padres e hijos.*

TRABAJO INDIVIDUAL:

1º - Una lectura rápida y otra lenta marcando lo importante.

2º - Apuntar las dudas que surjan en la interpretación del texto.

3º - El autor te propone tres metas para conseguir la mejora personal de los adolescentes, (capítulo 9, apartado 2-Primero). Léelas detenidamente, escoge una de ellas, la que más eches en falta, y haz un Plan de Acción concreto para mejorarla.

4º - El valor de la verdadera amistad es un gran tesoro que todos tus hijos deben de conocer, pero no es fácil. Gerardo expone 26 objetivos, escoge dos de ellos y haz un Plan de Acción

GUÍA DE TRABAJO INDIVIDUAL

para cada uno. Selecciona otros cuatro y resérvalos para hacerlos más adelante.

5º - La amistad entre padres e hijos tiene un gran valor. ¿Cómo conseguirla o mejorarla? Lee despacio el capítulo 12, «Condiciones para la amistad entre padres e hijos adolescentes» y haz un Plan de Acción sobre algunos de los puntos que se citan.

6º - Un buen Plan de Acción es motivar a tu hijo a leer este libro y comentarlo contigo, como alternativa escoge algún capítulo, que le pueda interesar, y comienza por dárselo a leer. Piénsatelo.

TRABAJO EN GRUPO:

1º - Tratar de aclarar las dudas de interpretación que hayan surgido al leer el texto.

2º - Comentar las ventajas de vivir en la familia la Amistad. Aportar algunos ejemplos. Sacar conclusiones concretas y prácticas.

3º - Cambiar impresiones sobre qué capítulos, entre todos los de este libro, son más atrayentes para dárselos a leer a un

adolescente, y cómo motivarle para que los lea. Y ¿por qué no hacerlo con un preadolescente?
4º - Comentar los Planes de Acción realizados en el trabajo individual referentes a este libro.
5º - Aportar otros Planes de Acción realizados y no referidos a este libro.
6º - Seleccionar los mejores Planes de Acción aportados en esta sesión. Remarcar los que se refiran a Educar en Futuro.
7º - Recordar entre todos los asistentes:
a) Preguntas que es bueno hacer a la persona que cuenta su Plan de Acción; b) Preguntas que no deben hacerse.
8º - Trabajo opcional: Dar 5 minutos para leer individualmente: Caso «Pilar», capítulo 9, apartado 3. Analiza los hechos positivos y aporta otros consejos positivos para dar a los padres.

ÍNDICE

ÍNDICE

INTRODUCCIÓN 5

PARTE PRIMERA «A»
LA ADOLESCENCIA

Capítulo 1:

ADOLESCENCIA... PARA QUÉ 11
1. El sentido de la adolescencia 11
2. La «crisis de la adolescencia» 14

Capítulo 2:

LOS ADOLESCENTES Y EL DESARROLLO DE LA INTERIORIDAD 17
1. ¿En qué consiste la interioridad? 17
2. ¿La interioridad nace en la adolescencia? 18
3. El crecimiento de la interioridad 20
4. Algunas metas para el desarrollo de la interioridad en la adolescencia 22

Capítulo 3:

LOS ADOLESCENTES Y EL CAMINO HACIA LA MADUREZ 27
1. La búsqueda de la madurez 27
2. La adolescencia primera o pubertad 32
3. La adolescencia media 36
4. La adolescencia superior 40
5. Normas educativas en la pubertad 43
6. Normas educativas en la «adolescencia media» 47
7. Caso: «Creo que he fracasado» 54
8. Comentarios al caso 59
9. Preguntas y respuestas 64

PARA PENSAR, PARA ACTUAR... 71

ÍNDICE

PARTE SEGUNDA «B»
PROBLEMAS MÁS FRECUENTES

Capítulo 4:
PROBLEMAS ACTUALES EN LA EDUCACIÓN DE LOS HIJOS ADOLESCENTES 79
1. Problemas más frecuentes hoy en los hijos adolescentes .. 79
2. Las causas de los problemas actuales 81
3. Posibles soluciones para los nuevos problemas 83
4. La adaptación de los adolescentes a la vida universitaria . 85
5. Importancia de la voluntad en la etapa adolescente 87
6. La educación de la afectividad en la adolescencia 89
7. Caso: «Los problemas de Ricardo» 92
8. Comentarios al caso 94
   ¿Cómo es Ricardo? 95
   ¿En qué ambientes tiene problemas de convivencia? 96
   ¿A qué son debidos los problemas? 97
   ¿Qué orientaciones ayudarían a resolver los problemas comentados? 98

Capítulo 5:
EL IMPACTO DE LA FALSA CULTURA EN LA EDAD ADOLESCENTE 101
   Algunas características de la subcultura adolescente 107
   Papel de los padres 111

Capítulo 6:
EL OSCURECIMIENTO DE LOS IDEALES 117
1. La adolescencia y el descubrimiento de los valores 117
2. Adolescentes sin valores 121
3. La recuperación de los valores 124

Capítulo 7:
EL CONFORMISMO COMO FORMA DE VIDA 129
  1. Adolescentes «pasotas» 129
  2. Cómo surge el pasotismo 133
  3. Los remedios para el pasotismo 138
  Cómo prevenir el pasotismo antes de la adolescencia. Entre los 7 y los 12 años 138
  Cómo superar el pasotismo (en la adolescencia) 140

Capítulo 8:
LAS DIVERSIONES COMO «ESCAPE» 143
  1. Sentido de la diversión....................................... 143
  2. Un riesgo: la diversión reducida a evasión 145
  3. Cómo se divierten los adolescentes de hoy 148
  4. Algunas orientaciones para los padres............... 150
  5. Preguntas y respuestas 155

PARA PENSAR, PARA ACTUAR... 163

PARTE TERCERA «C»
LOS ADOLESCENTES Y LA FAMILIA

Capítulo 9:
LA AYUDA PARA EL CONOCIMIENTO DE SÍ MISMOS ... 171
  1. Los adolescentes no se conocen bien 171
  2. Algunas metas en el conocimiento de sí mismos 177
  Primero: Paso de la afirmación negativa a la afirmación positiva de sí mismo 178
  Segundo: Paso del «descubrimiento del yo» al «descubrimiento del tú» 181
  Tercero: Paso de los «modelos» de conducta a la actitud valorativa personal 184

ÍNDICE

   3. Un ejemplo: Caso «Pilar» 188
   4. Comentarios al caso 199

Capítulo 10:
LA ORIENTACIÓN PARA LA VERDADERA CONVIVENCIA . 207
   1. El aprendizaje de la convivencia 207
   2. Un problema de hoy: muchos adolescentes no saben
      convivir 211
   3. Influencias ambientales en la dificultad de los adolescentes para la convivencia 214
   4. Algunas sugerencias para orientar a los adolescentes en la convivencia 220
   5. Algunos objetivos concretos para educar a los hijos en la vida de amistad 225

Capítulo 11:
LA ARMONÍA DE LAS GENERACIONES EN LA FAMILIA. 229
   1. Algunas causas de la disarmonía entre los padres y los hijos adolescentes 231
   2. Cómo se logra la armonía entre padres e hijos adolescentes 236

Capítulo 12:
LA AMISTAD ENTRE PADRES E HIJOS ADOLESCENTES... 241
   Dificultades de la amistad entre padres e hijos adolescentes 241
   Condiciones para la amistad entre padres e hijos adolescentes 245
   Preguntas y respuestas 252

PARA PENSAR, PARA ACTUAR... 257

GUÍAS DE TRABAJO 265

SUSCRÍBETE A LA REVISTA MENSUAL DE LA COLECCIÓN HACER FAMILIA Y TE REGALAREMOS EL LIBRO QUE TÚ ELIJAS

Secciones de la revista

El Arte de Educar por edades
Matrimonio al día
Reportajes y entrevistas
Estimulación temprana
Aficiones y hobbies juveniles
El carácter
Tiempo libre: libros, vídeos, cine
y programas de ordenador
Club de Goncio para los más pequeños

(Boletín de suscripción, en la página siguiente.)

HACER familia

BOLETÍN DE SUSCRIPCIÓN

NOMBRE Y APELLIDOS: ....
DIRECCIÓN: ....
POBLACIÓN: ....
C.P.: .... PROVINCIA: ....
TEL.: .... E-MAIL: ....
N.I.F.: ....
Nº de Hijos: .... Año nacim. del mayor: ....

FORMA DE PAGO

❏ **DOMICILIACIÓN BANCARIA**
Nombre y apellidos del titular: ....
Banco: ....
Domicilio: .... C.P.: ....
Población: .... Provincia: ....

Les ruego que, con cargo a mi cuenta, atiendan los recibos que les presente EPALSA

Código Cuenta
Banco	Sucursal	D.C.	Nº Cuenta

❏ **VISA / Master Card**   Fecha de caducidad ..../........
Nº ☐☐☐☐ ☐☐☐☐ ☐☐☐☐ ☐☐☐☐   Firma del titular:

❏ Transferencia a nombre de EDICIONES PALABRA
c/c Nº ES82 0049 4693 9825 1002 4778 del Banco Santander

❏ Talón adjunto nº..

PERSONA QUE ABONA LA SUSCRIPCIÓN (Solo en caso de que no coincida con el suscriptor).

Nombre y apellidos: ....
Dirección: ....
Población: ....
Provincia: .... C.P.: ....
Tel.: .... NIF: ....

	12 Números	24 Números
España	34,50 €	65,90 €
Extranjero (Superficie)	46,00 €	89,00 €
Europa (Aéreo)	49,25 €	95,50 €
Resto del Mundo (Aéreo)	58,60 €	114,20 €

PRECIOS VÁLIDOS HASTA SEPTIEMBRE DEL 2006

Ediciones Palabra, S.A.
Pº de la Castellana, 210 - 28046 Madrid
Tel.: 91 350 83 11 - Fax: 91 359 02 30
suscripciones@edicionespalabra.es

DESEO RECIBIR GRATUITAMENTE
EL LIBRO DE LA COLECCIÓN HACER FAMILIA Nº.....
DE LA SIGUIENTE LISTA

Recortar y enviar a EDICIONES PALABRA, S.A.- Castellana, 210 - 28046 Madrid - Tfno.: 91 350 83 11

educar en valores

■ CÓMO EDUCAR

1. EDUCAR HOY
   Fernando Corominas
   17ª edición

4. EXIGIR PARA EDUCAR
   Eusebio Ferrer
   11ª edición

6. FAMILIAS CONTRACORRIENTE
   David Isaacs y Mª Luisa Abril Martorell
   7ª edición

9. LOS ESTUDIOS Y LA FAMILIA
   Gerardo Castillo Ceballos
   5ª edición

11. DIOS Y LA FAMILIA
    Jesús Urteaga
    5ª edición

13. CÓMO PREVENIR EL CONSUMO DE DROGAS
    Aquilino Polaino y Javier de las Heras
    7ª edición

14. PARA EDUCAR MEJOR
    María Teresa Aldrete de Ramos
    5ª edición

16. PREPARAR A LOS HIJOS PARA LA VIDA
    Gerardo Castillo
    6ª edición

17. LOS ESTUDIOS Y EL DESARROLLO INTELECTUAL
    Carlos Ros
    4ª edición

18. LOS NOVIOS. EL ARTE DE CONOCER AL OTRO
    Ramón Montalat
    5ª edición

20. CÓMO EDUCAR A TUS HIJOS
    Fernando Corominas
    7ª edición

■ EDUCAR POR EDADES

22. TUS HIJOS DE 1 A 3 AÑOS
    Blanca Jordán de Urríes
    8ª edición

23. TUS HIJOS DE 4 A 5 AÑOS
    Manoli Manso y Blanca Jordán de Urríes
    7ª edición

24. TU HIJA DE 6 A 7 AÑOS
    María Teresa Galiana y Amparo González
    4ª edición

25. TU HIJO DE 6 A 7 AÑOS
    Blanca Jordán de Urríes
    3ª edición

26. TU HIJA DE 8 A 9 AÑOS
    Isabel Torres
    6ª edición

27. TU HIJO DE 8 A 9 AÑOS
    José Antonio Alcázar y Mª Ángeles Losantos
    5ª edición

28. TU HIJA DE 10 A 11 AÑOS
    Trinidad Carrascosa y Marta Bodes
    6ª edición

29. TU HIJO DE 10 A 12 AÑOS
    Alfonso Aguiló
    8ª edición

30. TU HIJA DE 12 AÑOS
    Candi del Cueto y Piedad García
    8ª edición

31. TU HIJA DE 13 A 14 AÑOS
    Piedad García y Candi del Cueto
    5ª edición

32. TU HIJO DE 13 A 14 AÑOS
    Vidal Sánchez Vargas
    6ª edición

33. TU HIJA DE 15 A 16 AÑOS
    Pilar Martín Lobo
    6ª edición

34. TU HIJO DE 15 A 16 AÑOS
    Santiago Herraiz
    3ª edición

35. TUS HIJOS ADOLESCENTES
    Gerardo Castillo
    9ª edición

36. NOVIAZGO PARA UN TIEMPO NUEVO
Antonio Vázquez Vega
4ª edición

37. LOS NOVIOS. LOS MISTERIOS DE LA AFECTIVIDAD
Ramón Montalat
5ª edición

38. MATRIMONIO PARA UN TIEMPO NUEVO
Antonio Vázquez
15ª edición

39. LOS ABUELOS JÓVENES
Oliveros F. Otero y José Altarejos
5ª edición

83. EL MATRIMONIO Y LOS DÍAS
Antonio Vázquez

85. PRIMERA ETAPA DEL MATRIMONIO
Antonio Vázquez Vega

■ **EDUCACIÓN TEMPRANA**

41. EL DESARROLLO TOTAL DEL NIÑO
Juan Valls Juliá
6ª edición

42. LA EDUCACIÓN TEMPRANA DE 0 A 3 AÑOS
Ana Sánchez
3ª edición

43. LA EDUCACIÓN TEMPRANA DE 3 A 7 AÑOS
Merche Bravo y Luis Pons
7ª edición

44. EXPERIENCIAS DE UNA MADRE
Ana Sánchez
6ª edición

45. CÓMO ENSEÑAR LA VIDA AL NIÑO A TRAVÉS DE LOS CUENTOS
Blanca Jordán de Urríes
2ª edición

46. DESARROLLAR LA INTELIGENCIA A TRAVÉS DEL AJEDREZ
José María Olías
2ª edición

47. ¿ES MI HIJO SUPERDOTADO O INTELIGENTE?
Agustín Regadera López

87. COMO EDUCAR A TUS HIJOS CON LA MÚSICA
María Pilar Carrasco

■ **EDUCAR EN VALORES**

48. LOS BUENOS MODALES DE TUS HIJOS MAYORES
José Fernando Calderero
2ª edición

49. LOS BUENOS MODALES DE TUS HIJOS PEQUEÑOS
José Fernando Calderero
7ª edición

50. CÓMO EDUCAR LA VOLUNTAD
Fernando Corominas
11ª edición

52. SITUACIONES COTIDIANAS DE 0 A 6 AÑOS
Teresa Artola
6ª edición

53. SITUACIONES COTIDIANAS DE 6 A 12 AÑOS
Teresa Artola
4ª edición

54. SITUACIONES COTIDIANAS DE TUS HIJOS JÓVENES
Santiago Herraiz
2ª edición

55. SITUACIONES COTIDIANAS DE TUS HIJOS ADOLESCENTES
Teresa Artola
4ª edición

58. INTERROGANTES EN TORNO A LA FE
Alfonso Aguiló
5ª edición

59. 25 CUESTIONES ACTUALES EN TORNO A LA FE
Alfonso Aguiló
2ª edición

60. EDUCAR EN POSITIVO
Fernando Corominas
5ª edición

63. EDUCAR LOS SENTIMIENTOS
Alfonso Aguiló
5ª edición

65. EDUCAR EL CARÁCTER
Alfonso Aguiló
8ª edición

66. CARÁCTER Y VALÍA PERSONAL
Alfonso Aguiló
3ª edición

68. LA TOLERANCIA
Alfonso Aguiló
4ª edición

69. ENSEÑAR A PENSAR
Antonio Jiménez Guerrero
5ª edición

70. VIRTUDES HUMANAS
José A. Alcázar y Fernando Corominas
4ª edición

81. EDUCAR LA CONCIENCIA
José Luis Aberásturi
3ª edición

82. EL ARTE DE ENSEÑAR A AMAR
Juan José Javaloyes
4ª edición

84. CÓMO HACER HIJOS LECTORES
   Carmen Lomas Pastor
86. ACERCAR LOS HIJOS A DIOS
   Ernesto Juliá
   2ª edición
88. JUGAR: LA FORMA MÁS DIVERTIDA DE EDUCAR
   María Isabel Jiménez Domecq
90. CÓMO VIVIR LA LITURGIA EN FAMILIA
   Fernando Corominas
91. PADRES, ADOLESCENTES Y DIOS
   Ernesto Juliá

■ MEDIOS EDUCATIVOS

71. PROBLEMAS DE LOS ADOLESCENTES
   Antonio Crespillo-Enguix
   2ª edicíon
72. LA COMUNICACIÓN EN LA FAMILIA
   Gloria Elena Franco
   5ª edicíon
73. HIJOS, TUTORES Y PADRES
   José M. Cervera y José A. Alcázar
   4ª edicíon

80. 100 PLANES DE ACCIÓN
   Fernando Corominas
   2ª edicíon

■ TÍTULOS DE ESTA COLECCIÓN PUBLICADOS EN INGLÉS

BRINGING UP CHILDREN TODAY
Fernando Corominas

TRAINING THE WILL
Fernando Corominas

YOUR CHILDREN FROM THE AGES 3 TO 6
Manoli Manso and Blanca Jordán de Urríes

MAKING DEMANDS IN BRINGING UP CHILDREN
Eusebio Ferrer

LITTLE PROBLEMS FROM 0 TO 6
Teresa Artola

LITTLE PROBLEMS FROM 6 TO 12
Teresa Artola

POSITIVE EDUCATION
Fernando Corominas

HUMAN VIRTUES
Fernando Corominas and José A. Alcázar

Pequeños manuales prácticos
para saber más y educar mejor

CÓMO SE EDUCA UNA AUTOESTIMA FAMILIAR SANA
Cynthia Hertfelder

CÓMO DIGO QUE NO A MI HIJO ADOLESCENTE
Blanca Jordán de Urríes

CÓMO USAR LAS NUEVAS TECNOLOGÍAS EN LA FAMILIA
Marianeta Jáudenes

CÓMO SER OPTIMISTA ANTE LA VIDA
Blanca Jordán de Urríes

CÓMO DESARROLLAR LA CREATIVIDAD EN LOS NIÑOS
Teresa Artola González

CÓMO SUPERAMOS EL DOLOR
María Robledo Gandarias

EDICIONES PALABRA, S.A. - Castellana, 210 - 28046 Madrid
Telfs.: 91 350 77 20 - 91 350 77 39 - Fax: 91 359 02 30
www.edicionespalabra.es - epalsa@edicionespalabra.es